本书幸承“西安建筑科技大学重点专业建设项目”资助

体育景观环境

由文华　主　编
吉云波　副主编

北京体育大学出版社

策划编辑　赵海宁
责任编辑　赵海宁
责任校对　原子茜
版式设计　博文宏图

图书在版编目（CIP）数据

体育景观环境/由文华主编. --北京：北京体育大学出版社，2018.9
ISBN 978-7-5644-3060-3

Ⅰ.①体… Ⅱ.①由… Ⅲ.①体育建筑-景观规划-景观设计 Ⅳ.①TU986.2 ②TU245

中国版本图书馆CIP数据核字（2018）第225889号

体育景观环境　　由文华　主编

出版发行：北京体育大学出版社
地　　址：北京市海淀区农大南路1号院2号楼4层办公B-421
邮　　编：100084
网　　址：http：//cbs. bsu. edu. cn
发 行 部：010-62989320
邮 购 部：北京体育大学出版社读者服务部 010-62989432
印　　刷：北京建宏印刷有限公司
开　　本：710mm×1000mm　1/16
成品尺寸：228mm×170mm
印　　张：16.5
字　　数：276千字
版　　次：2018年10月第1版
印　　次：2018年10月第1次印刷
定　　价：70.00元

前　言

体育景观与我国体育事业的发展相伴而生，并在2008年北京奥运会后得到长足的进展，成为景观学发展过程中异军突起的分支，亦是社会文明和体育精神的重要标志之一。体育景观通过塑造优质舒适的运动环境和拓展体育的功能，满足了运动人群对审美和环境质量的需求，并将体育建筑、体育雕塑等要素与自然景观环境融为一体，充分展现规划设计与建设的理念和人文情怀，传递体育文化的意蕴，成为体育场馆建设中不可或缺的组成部分。

本书主要具有以下特点：一是内容精练、图文并茂，文字表述通过图片表现得更形象，图片通过大量文字表现得更具体，因而可读性较强；二是重点突出，强调体育特色、体育景观与体育文化紧密结合；三是适用性较强，可作为相关专业教科书进行教学使用，也可自学自用，对于设计咨询等单位，亦可作体育景观规划设计指导用书。

从内容上讲，本书共分为十章：第一章主要介绍了景观与体育景观、环境与体育环境以及体育景观环境的内涵，对国内外体育景观环境产生与发展历程进行了回顾；第二章着重分析了体育景观环境的基本特征、基本功能、基本原则、基本类型；第三章介绍了体育景观的基本构成要素——自然景观和人文景观；第四章是体育建筑景观环境设施系统的构成、不同类型体育场馆及其景观设施体系的策划及建设；第五章主要描述了体育赛事景观的分类，重点阐述了体育赛事景观的特殊要素，以及赛事景观对城市发展的影响等；第六章从体育公园的概念和分类入手，介绍了体育公园景观设施的类型、景观小品的功能和要素，明确了体育公园景观环境建设的基本程序；第七章从健身步道的概念和类型入手，深入阐述了健身步道景观设计要素：地面铺装、标识系统和景观节点等，重点论述了健身步道景观设计；第八章论述的是体育景观环境资源可持续发展的基本理论知识，体育景观环境资源开发的内容、分类与模式；第九章在于强调体育景观环境的评价，包含其具体实施流程与评价方法等；第十章则落实到体育景观环境的维护与管理过程。

本书由由文华担任主编，负责编撰提纲和统稿，并负责第一章至第六章及第八章的编撰，吉云波担任副主编，并负责编撰第七章、第九章和第十章，侯军毅、赵超、郑雪玲、杨华薇、刘凌宇等提供了部分图片，邹航、郑佳淇、邱宁、王琛云、陈美玲等硕士研究生承担了本书部分资料的收集和图片的整理工作。本书是社会体育指导与管理（体育建筑管理）专业的特色教材之一。体育建筑管理学科是一门正在迅速发展的新兴交叉学科，在教学过程中还需根据国内外发展现状不断进行修订和创新，以达到适时完善体育建筑管理学科体系的目的。

在编写过程中，编写组力求实现图文的明确清晰，同时能够全面反映体育景观学的新发展，并加大了实用案例的引用。

在此向所有参与、关心、支持和协助本书编写出版的专家学者表示诚挚的谢意。由于体育景观学正处于迅速发展中，且笔者水平有限，难免存在疏漏和不当之处，恳请广大读者和同行指正。

2019 年 7 月

目录 Contents

第一章 概 述

【内容提要】通过本章的学习，了解景观与体育景观、环境与体育环境、体育景观环境的概念，以及国内外体育景观环境产生与发展的历程，掌握体育景观环境的基本内涵和研究领域等知识。

随着体育事业的发展，以体育运动为主题的体育景观环境已经成为人类社会文化发展和精神文明的重要标志之一。体育景观环境作为新兴的景观环境类型，不仅塑造了体育景观环境的独特观赏性，还满足了体育功能的需要，并将体育雕塑、体育建筑与自然景观环境融为一体，以展现体育景观环境规划、设计与建设的思想和人文情怀，传递体育文化的意蕴，从而成为体育建筑满足竞技体育和群众体育基本需求不可或缺的基本要素。

第一节 体育景观

随着人们生活质量的提高，对体育的需求逐渐从锻炼有场所的简单需求，向锻炼要有良好环境、有益身心健康的绿色体育锻炼场所的需求发展。景观的含义也已经从“风景”“景色”这样以满足审美为主的层面，逐步向集规划、保护、利

用与管理于一体的综合层面发展。优美的景观环境已成为吸引人们参加体育运动的重要因素。与此同时，体育景观环境由于与运动参与者的运动体验直接相关，从而对社区体育场馆、学校体育场馆及公共体育场馆的高效运行产生了越来越大的影响。

一、景观与体育景观

景观是体育景观的母学科。因此，体育景观是景观理论体系中的一个分支，是景观要素与体育要素的有机结合体。

（一）景 观

景观，是由“景”和“观”所组成的复合词，《说文解字》中对“景观”的释义，是仔细看日光下景色之意，后来逐渐引申为具有“景象”“景致”“场景”的含义。“景观”与“观景”是互补的一组词汇，既显现了“景”被人所“观”的原始功能，也揭示了“景”与“人”之间的独特关系。

在西方，16 世纪的“景观”主要是绘画的专门用语，意义等同于“风景”与“景色”。17、18 世纪，园林设计师开始将“景观”一词用于描绘建筑与自然环境共同构成的整体景象。到了 19 世纪初，“景观”的内涵逐渐具有综合地表可见景象和限定特殊区域的双重含义，并开始运用科学的手段进行研究。

20 世纪初，德国兴起景观地理学，景观被认为是由陆地圈和生物圈组成的、相互作用的系统，对景观形态和分类进行的研究形成了城市景观、空间景观等概念。20 世纪文化地理学方面，美国的伯克利学派（Berkeley School）认为“文化是动力，自然景观是媒介，文化景观就是结果”，将文化景观作为与自然景观并重的研究核心。随着景观地理学的推陈出新，景观逐渐从中分离出来，形成景观生态学。由于文化景观的广泛含义，后来的景观生态学加强了文化与景观相互关系的研究。

《辞海》中对“景观”的解释，一是风光景色，如居室周围景观甚佳；二是地理学名词。

1. 地理学的整体概念

景观兼容自然与人文景观。

2. 一般概念

景观泛指地表自然景色。

3. 特定区域概念

景观专指自然地理区划中起始的或基本的区域单位，是形态结构统一的区域，即自然地理区。

4. 类型概念

景观即类型单位的统称，指相互隔离的地段，按其外部特征的相似性，归为同一类型单位，如沙漠景观、草原景观等。

无论在中国还是在西方，景观都是一个内涵领域宽泛、多学科研究的对象，这种跨学科研究形成了不同的理论体系。其主要集中在视觉领域、地理学领域和生态学领域3个方面。①在视觉领域中，景观是风景诗、风景画及风景园林学科的研究对象。艺术家把景观作为审美层次的表现与再现；建筑师把景观作为与建筑物匹配的整体环境；旅游学家把景观当作资源；体育学者则把景观作为与体育运动体验相关的设施。②在地理学领域中，景观是地表景象、综合自然地理区或一种类型单位的科学名词，如城市景观、草原景观、森林景观、海洋景观、体育景观等。③在生态学领域中，景观既是生态系统的能量流和物质循环的载体，又是社会精神文化系统的信息源。人类不断从景观中获得各种信息，再经过人类智力的加工而形成丰富的社会精神文化。

近年来，景观建筑学得到了迅速发展，它介于传统建筑学和城市规划学之间，研究的范围非常广泛，包罗了从城市总体形态到公园、街道、广场、绿地和单体建筑，以及雕塑、小品、指示牌、街道家具等从宏观到微观的层次。

综上所述，景观是一个由不同土地单元镶嵌组成的、具有明显视觉特征的地理实体，也是一个处于生态系统之上、大地理区域之下的生态系统的载体。具体而言，景观包括了大地上的建筑、道路系统等人文要素，是不同尺度的大地综合体，兼具经济价值、生态价值和美学价值，与作为人类生存基本必需物之一的土

地密切相关，会随着土地特征的改变和人类活动的影响而变化，是一个动态的、自然的和社会的系统反映。基于景观建筑学脉络，概括地讲，“景观”是指具有观赏价值和审美价值的景物，由人们所见到的由大自然生成的天然景物和人为创造的人工景物两部分组成。

（二）体育景观

体育景观，是以体育与景观为主体组成的一个新的景观领域。体育，是指以身体练习为基本手段，以增强人的体质，促进人的全面发展，丰富社会文化生活和促进精神文明为目的的一种有意识、有组织的社会活动，如学校体育、社会体育和竞技体育等。体育是社会文化的一部分，其发展受一定政治和经济的制约，并为一定社会的政治和经济服务。

体育景观是体育发展的产物，体育景观的意义建立在体育概念与景观建筑学脉络下的景观概念的结合之上。由此可知：在广义上，体育景观是以包容体育宽泛内涵为目的，以承载体育运动环境品质为属性的景观，而这种景观存在于体育场所的内部和外部环境中。因此，广义的体育景观指的是在体育场地内外环境中，由各类自然景观和人文景观资源组成的，具有观赏价值、文化价值和生态价值的，且服务于体育活动的空间体系。

由于体育项目的丰富性，新兴项目层出不穷，使得运动项目的实施空间更加广阔，从而决定了体育景观几乎涵盖了我们人类所能涉足的所有区域。正如英国园艺史学家汤姆·特纳（Tom Turner）所言，“景观是指留下了人类文明足迹的地区”，而体育运动正是人类高度文明的产物，体育运动所及之处必然留下文明的足迹——景观。运动项目的实施离不开体育场所，因而体育景观是以体育建筑为核心组织的景观形式，这一类景观的存在价值就在于进一步深化体育建筑所承载的功能内涵，并拓展其外延。内涵深化主要表现在美学价值和精神功能方面，体育建筑的内涵因与景观融合而提升。外延拓展体现在两个方面：一方面是以良好的景观品质提升运动员及普通社会成员参与体育运动的质量，获得优质体验，使体育场所成为有吸引力之地；另一方面是拓展体育建筑所承载的空间，以便包容社会成员更为丰富的体育行为。

界定体育景观的概念可以有许多的视角，也存在着多种关于“体育景观”的

解释。基于上述分析，体育景观可概括为：以体育要素为主体、以体育建筑为尺度核心并存在其内部和外部环境之中，以拓展体育运动空间、提升体育运动品质、包容体育内涵和外延的社会文化及经济行为为目的的各类景观。

二、体育景观的产生与发展

体育景观的产生与发展是建立在景观学的理论基础之上，伴随着人类社会的文明与进步而产生和发展起来的。

（一）体育景观的产生

体育景观的出现，可追溯到古奥运时期。从体育赛场的布置到体育雕塑的展现，都体现了体育景观在体育运动中的作用与影响。但是，真正进行体育景观的系统研究，则是建立在景观研究基础之上的。

早在 1858 年，美国景观设计之父奥姆斯特德（Frederick Law Olmsted）（1822—1903 年）坚持将自己所从事的职业称为景观设计（Landscape Architecture），而非当时普遍采用的风景造园或风景园林（Landscape Gardening），从而为景观设计专业和学科的发展开辟了一个广阔的空间，并绵延 100 多年。

苏尔（Sauer C. O.）（1974）在《景观的形态》（*The Morphology of Landscape*）一文中指出，“文化景观是在任何特定时期内形成的构成某一地域特征的自然与人文因素的综合体，它随人类活动的作用变化而不断变化”。“文化景观”概念的普遍应用始于 20 世纪 90 年代，世界遗产委员会在 1992 年首次使用“文化景观”的概念，认为文化景观“包含了自然和人类相互作用的、极其丰富的内涵”，是人类与自然紧密结合的共同杰作。凯利（Kelly R）（2000）在阐述欧洲地域文化景观时指出，“居住在特定地域的人们的邻里、农场、林地、河流、建筑都和地方人民休戚相关”。体育景观中的自然景观离不开林地、水体等要素，体育场馆更是具有典型的建筑属性，并为体育运动者所用。由此可以看出，体育景观是文化景观的一种表现形式。

（二）体育景观的发展

体育景观的发展，经历了一个漫长的历史阶段，随着人类社会的进步，人们对体育文化与体育运动的需求，必然从单一的景观向多元化的体育景观发展，并呈现出以下基本特征。

1. 体育景观的生态化

景观是在保护生态系统承载力的前提下，进行自然保护和开发活动的。因此，体育景观的规划设计与建设在追求布局和形式完美的同时，更注重生态平衡上的完善，逐步由单纯的绿化美化向生态化、可持续发展的方向转变，这既是体育景观发展的基础，也是在时代发展过程中对生态环境保护性开发的要求。

2. 体育景观的地域性

不同地区因其独特的历史、文化、民族特点，使其体育景观各具文化特色。对于不同地域中的体育场馆景观，逐渐显示出以地域特色确定品质景观内涵，以场馆规模确定建设尺度和覆盖范围，以自然环境凝练风格特色，以体育文化突显景观类别的发展态势。从而在正确的文化取向、文化定位的前提下，通过切实可行的景观设计和实施方案，富有地方特色的运作经营，实现其长效建设。

3. 体育景观的体育性

体育场馆因举办赛事和满足人们日常健身而建，其主体功能体现在体育运动方面，因而其景观通过体育要素的融入突显其定制化，以体育内涵确定特色，并实现体育精神的传播和延续。

第二节　体育环境

体育是人类的社会实践活动，是一种社会文化现象。因此，体育环境是从“人本主义”的角度出发，环绕在体育这一组织活动的外部条件，是体育赖以存在

的自然条件和社会条件，及它们之间的相互关系。自然条件如山川、河流、气候、土地、生物、噪声等；社会条件，是指人类的物质生活条件、政治生活条件和文化生活条件的统一，如政治制度、法规体系、经济状况、生产力水平、社会风气等。

一、环境与体育环境

体育的自然属性与社会属性，决定了体育不是孤立的存在，而是与自然界和人类社会有着必然的、本质的联系。在体育运动中，无论个体还是群体，都必然会与周围物质世界和社会环境发生千丝万缕的联系，时间和空间因素也悄无声息地影响着体育运动过程。任何体育运动都是在特定的环境下进行的，体育运动离不开环境，没有环境便没有体育运动。因此，了解环境与体育环境及其关系，是研究体育环境的基础。

（一）环 境

环境一词的英文 Environment 来自法语 Envirommer，意为“环绕”或“包围”。从哲学的角度，环境是指某一中心或主体相对的客体。某一中心事物有关的周围事物，就是这个中心事物的环境。当中心和主体不同的时候，相应的客体即环境的含义也必然发生改变。

在环境科学中，环境一般是指：一个生物个体或生物群体周围的自然状况或物质条件；影响个体和群体的复杂社会、文化条件。人类生存在自然环境中，也生存在技术化、社会化的人文环境中，这些都是环境的组成部分。概括地讲，环境是指人类以生存和活动为中心的周围事物的状态，即人类赖以生存和从事各种活动的环境。环境总是对一个相对的中心事物而言的，如果中心事物不同，所说的环境内容自然不同。

（二）体育环境

体育与环境是对立统一的辩证关系。一方面，环境创造了体育，并制约着体育的目标、内容、方法与效果，影响着体育的发展速度。另一方面，体育对环境

又有着强大的能动作用，不断地改造环境。通过对体育场馆的建设与改造，对人的情感、信仰的转移与强化，对人的道德意志品质的影响与“人性”化，能动地影响着自然环境与社会环境。

人在体育运动中处于主体地位，人们依据一定的目的和价值判断，选择适宜的运动形式和组织方式，使自己（个体或群体）的身体运动起来，从而满足一定的身心需求，并使作为客体的自身发生一定的改变。在这一过程中，人不仅与其自身发生联系，还和周围的物质世界发生着必然的联系。例如，从家庭、社区到社会，从地理环境到气候变化，不同的时间和空间，及不同的体育场地和运动器材设施等，它们都或多或少地以不同的形式制约和影响着体育过程。而正是这些因素构成了体育的环境。它们并不是体育过程的直接构成因素，却对体育过程及其结果产生不同的影响。

综上所述，体育环境，是指一切与体育相互联系、相互制约、相互促进的自然条件、社会条件的总称。体育环境对体育产生着直接或间接的正、负面的影响。

二、体育环境的产生与分类

在体育运动过程中，必然会与周围物质世界和社会环境发生千丝万缕的联系，时间、空间、地理、生物等因素也无声地影响着运动的过程。任何体育运动都是在特定的环境下进行的，体育运动离不开环境，同时体育运动又在不断地改变着环境。

（一）体育环境的产生

追究体育的产生和发展过程，无疑都是在一定的环境下进行和完成的，并受环境的影响和制约。自然条件是人们生存和发展的物质基础。它对体育的产生和发展有一定的影响，但不起决定的作用。社会条件是人们所处的各种社会关系的总和。它对体育的产生、发展起着主导性的作用，因而它是影响体育发展的主导因素。

环境因素制约着体育的产生、发展，而体育同样也反作用于环境。体育作为人类的一种社会实践活动，不仅能改造人类赖以生存的社会环境，而且能改造人

类赖以生存的自然环境。例如，中国曾经以乒乓球运动为媒介，与美国恢复了外交关系；又如，女排夺冠，全国人民为之振奋，举国上下激情澎湃，“女排精神”又一次点燃了中国人的激情。这种激情，这种精神，正是实现国家富强、民族振兴所需要的。体育为中国人树立了积极进取参与国际竞争的意识，由此焕发出的民族自信心和爱国主义热情，有力地促进了我国的对外开放进程；而社会的发展，人民闲暇时间的增加，国家对体育场馆建设的投入，又影响着区域环境的改善，并将社会体育的发展推向新的阶段。纵观体育的起源、过去和现在，环境无时无刻不在影响着体育的运行，并且随着体育现象的扩大和复杂化，环境对体育的作用面将更广泛，作用力度也将更深刻。

（二）体育环境的分类

体育环境是一个复杂的系统，在这一系统内部，各种体育环境因素相互作用、相互依赖，共同影响着体育的内容、形式、性质和发展过程。对体育环境进行分类，有利于研究和管理体育环境。从宏观层面上，体育环境主要可分为：自然环境与社会环境、内环境与外环境。

1. 自然环境与社会环境

体育的自然环境，是指体育活动地点所处的地理和气象环境。它在人类社会出现以前就已经存在，如山川、河流、气候、生物等，它们是体育运动赖以形成和发展的最基本的物质环境。体育的社会环境，是指与体育这一主体相互联系、相互制约、相互作用的一切社会条件和社会现象，是政治条件、人文条件、经济条件和体育条件的统一体，如政治制度、体育制度、政策法规、经济模式等，如图 1－1 所示。

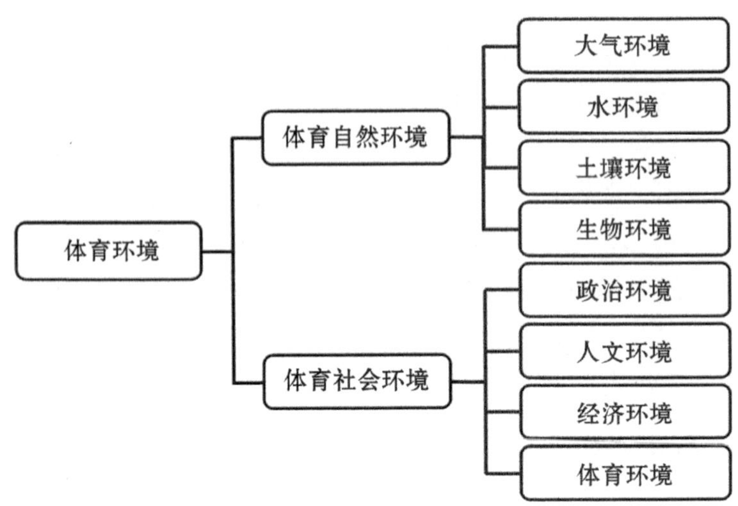

图 1－1　自然环境与社会环境

上述各类体育环境都是指作为直接的运动过程之外而又与之密切相关的各种因素。依其情况不同，环境作用于体育的方式和程度也千差万别。

2. 内环境与外环境

内环境是指对体育这一主体产生直接作用的环境因素，这些因素是影响制约体育发展的内在因素，如体育运动项目、体育规则、体育运动参加者等。外环境是指对体育这一主体产生间接影响的各种因素。这些因素是影响制约体育发展的外部条件。外环境涉及的范围非常广泛，包括各种自然因素和社会因素。外因是变化的条件，内因是变化的依据，外因通过内因而起作用。因此，外环境往往通过内环境因素对体育这一社会文化现象发生作用。

第三节 体育景观环境

体育景观环境的产生和发展离不开一定的社会文化背景，更与人们的需求密切相关。随着人民物质生活水平的提高、体育事业的快速发展，体育景观环境对群众体育、竞技体育和体育产业的影响越来越大。

一、体育景观环境的内涵

景观环境是指某一区域内由具有形态、形式因素构成的较为独立的、具有一定的社会文化内涵及审美价值的景物。景观环境具有自然和社会两种属性，自然属性主要指它具有一定的空间形态，社会属性则指具有一定的社会文化内涵，能够引起人的联想及怡情等心理反应。

环境总是相对于某项中心事物而言，对人类社会来讲，中心事物是人，环境就是以人类为主体的外部世界的总称，指人类赖以生存与发展的全部条件的总和。环境包括自然环境和人工环境，前者可以概括为生物圈、大气圈、水圈和岩石圈及其运动的影响，后者指人类自身活动所形成的物质、能量、精神文明、各种社会关系及其产生的作用。体育场馆本身是一个竞赛、锻炼、休闲娱乐的场所，这就需要具备一个良好的环境，只有在一个安全、舒适、宜人的环境里，人们才能更好地去锻炼身体，休闲放松，愉悦身心。

体育景观环境是各类体育景观所形成的环境，单体景观既是构成景观环境的要素，也是其他景观的环境，色彩在美化景观环境、愉悦精神等方面发挥着巨大的作用，它们共同构成了完整的体育景观环境。

由此可见，体育景观环境是自然环境和社会文化环境的中介之物，是为了人类更好地进行体育运动、体育竞赛、休闲娱乐而主动利用景观环境、适应景观环境、改造景观环境的产物。体育景观环境是人类主动选择、有效利用、不断创造

的自我适应的体育活动空间领域。由于体育景观环境与自然因素、社会因素有着千丝万缕的联系，从而构成了体育景观环境因素的复杂性。因此，对于体育景观环境概念的界定，就必须从自然、社会、体育 3 个主体层面进行综合地归纳与升华，即体育景观环境是以人类体育运动为中心的自然环境和社会环境及体育运动相关要素的总合。

二、体育景观环境的演变历程

随着生活环境的变化，人类有意识改造活动的增加，以及体育和景观的发展，体育景观环境的演变主要经历了 4 个阶段，如图 1－2 所示。

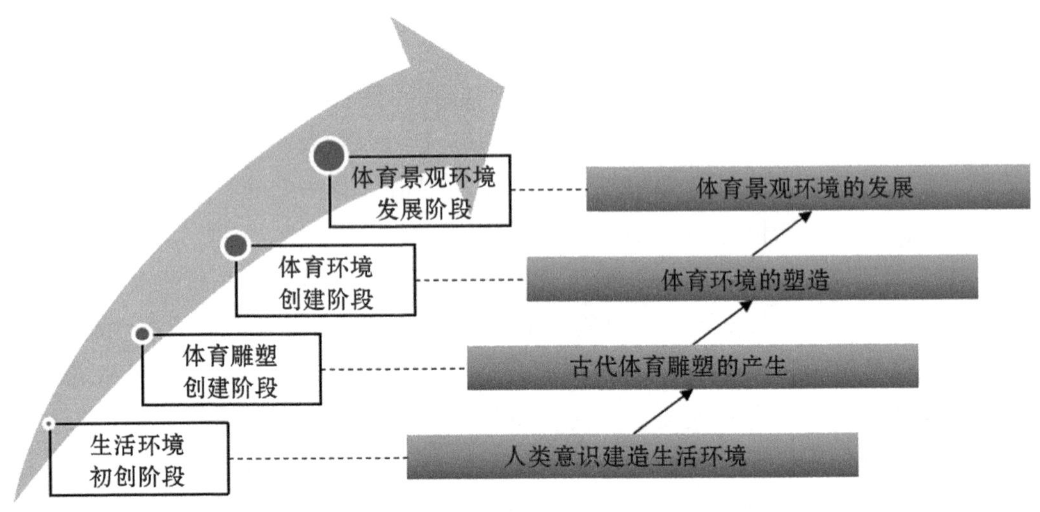

图 1－2　体育景观环境的演变历程

（一）生活环境初创阶段

早期人类经过了 100 多万年的漫长岁月后，于 1 万年前从狩猎时代进入农耕时代，人类在生活中不断地认识环境、改变环境。环境被人们融于生活与各项活动之中，形成了人类生活环境的初创阶段。

（二）体育雕塑创建阶段

图 1－3 掷铁饼者

体育雕塑的创建可追溯到公元前 450 年，早期最具代表性的雕塑作品是《掷铁饼者》，该雕塑被誉为“体育运动之神”，是古希腊著名雕塑家米隆（Myron）的代表作（图 1－3）。古代奥运会在注重竞技体育运动发展的同时，对竞技场外围环境也十分关注，《掷铁饼者》雕塑等不仅是当时文化的一种表现形式，也是体育景观的早期雏形。

《掷铁饼者》取材于希腊现实生活中的体育竞技活动，刻画的是一名强健的男子在掷铁饼过程中最具有表现力的瞬间。这尊雕像被认为是“空间中凝固的永恒”，直到今天仍然是代表体育运动的最佳标志之一，这也是对体育运动本身之外的精神文化层面的最高体现。奥运会为了永久纪念优胜者，决定在奥林匹亚神庙区给获得过 3 次奥运冠军的优胜者塑像。这一奖励将文化、艺术、体育紧密地结合起来，成为人类历史上的珍贵产物。

（三）体育环境创建阶段

现代摔跤运动的先驱——角力运动，是在公元前 708 年的第 18 届古代奥运会上被列为正式竞赛项目的。最初的角力场，是在每逢竞赛时，在角力场上先浇上水，然后盖一层土，这样可使身体打滑，泥泞的身躯更难使人用手捉住，以增加竞技的激烈程度。这样做的目的还在于，泥浆不仅能够改善皮肤，也能预防运动员因摔倒在地上而受伤。有时，角力比赛也在沙地上进行。随后，人们对一些具有最简陋设施的角力场地进行绿化或将场地建在大片绿地附近，或直接建在草地上，形成最初的体育环境。后来逐渐发展到从建筑稠密的城市中心划出一小块土地，设置供体育表演的设施。它可供各阶层居民在绿茵丛中进行户外游憩。社区中大片开阔的林中空地和草地上布满活动休闲场地，此类场地亦往往成为社区平面规划的中心。同时，这类场地也是具备供体育活动及开展民间游乐活动的综合设施和安静的休息区。

公元前 776 年，在古希腊的奥林匹亚举行了首次运动会，推动了体育运动的热

潮，训练场和竞技场纷纷出现。最初的竞技场是仅供训练用的裸露场地，周围并无树木。后来，雅典著名政治家西蒙（Simon，公元前510—450年）建议在竞技场周围种植悬铃木以形成绿荫，既可供竞技者休息，又为观众提供良好的观赏环境。以后这里又进一步发展和完善，除林荫道之外，还布置了祭坛、凉亭、柱廊及座椅等设施。于是，体育场就成为人们散步和集会的场所，并最终发展为向公众开放的园林，显示出了体育场所多功能利用的雏形。

在我国古代，体育项目的开展带动了体育景观的发展。以马球为例，马球是中国传统的竞技游戏，古称击鞠，盛行于唐代，辽、宋、金、元、明沿之，清代趋于衰亡。1984年，中国奥委会组团参加第23届奥运会，赠给国际奥委会的珍贵礼品便是《唐代马球图》艺术挂毯，由此可见国人对这一传统文化的珍视。据文献记载和1971年在陕西乾县唐章怀太子李贤墓葬中发现的《马球图》壁画，人们推测唐代的马球竞赛方式是：先布置一块周长千步的球场，场地一端竖有两根木柱间嵌满木板的球门，木板下部开一圆孔作为球室。参赛者分为人数相等的两队，称“两棚”，每棚人数可以四五人乃至十数人。西安大唐西市博物馆馆藏有一面唐代打马球纹铜镜（图1－4），在镜背的纹饰上，以表现4名骑手打马球的运动场面为主，他们或高举鞠杖，做抢球状；或俯身向前，鞠杖向下，做击球状，形态生动。这名铜镜文化价值极高，是将体育元素与文化艺术相结合的典型代表。

图1－4　打马球纹铜镜

而古代马球场的建筑形状则已开始考虑面层、围挡和看台，在无形中将体育景观呈现出来。古代马球场一般有泥土、草皮和沙场，其中草皮和沙场较为普遍，辅助设施除主宾席（主席台）一面外，还有楼台、亭子（看台）等建筑，场地四面均修筑矮墙。据推测，矮墙也是界墙，用作场边线，同时也可挡住击出界外的球，以免离场捡球而影响比赛，其景观建筑布局之周全可见一斑。

（四）体育景观环境发展阶段

体育景观环境的发展，与体育赛事的举办、人们对健身环境品质的追求、国家的生态文明建设息息相关。在体育景观的发展过程中，离不开各个时代社会发

展的大背景，并具有深刻的时代烙印。体育景观的发展主要与奥林匹克运动、职业体育的发展及城市更新有着千丝万缕的联系。

1. 奥林匹克运动的推广促进了体育景观环境的发展

1893 年，根据“奥运之父”皮埃尔·德·顾拜旦（Pierre De Coubertin）的建议，在巴黎举行了讨论复兴奥运会问题的国际性体育会议。1894 年 6 月 16 日，终于有 20 个国家派代表在法国巴黎大学召开了第 1 届“重建国际奥林匹克运动会国际会议”。会议做出决定，将于 1896 年在希腊首都雅典举行第 1 届现代奥林匹克运动会。

随着现代奥林匹克运动的发展，奥运会的影响也越来越大。1984 年，洛杉矶奥运会将商业运营模式引入奥运会，并创下奥运会不亏损的新篇章。之后，各国申请奥运会主办权的竞争也逐渐白热化。其中，体育场馆建设、场馆景观环境、城市景观环境、城市文化等都成为吸引评委做出最终决策的重要因素。在奥运会主办权的竞争过程中，体育景观环境得到了迅速发展。

近年来，国际大型体育赛事越来越多，对体育场馆的要求也越来越高。因此，大型体育赛事举办的物质条件——高水平的体育场馆建设速度在不断加快，与体育场馆环境息息相关的景观环境也在悄然发生着变化。在此基础上，逐渐形成了独特的体育景观环境。

2. 职业体育的发展丰富了体育景观环境的内容

欧美职业体育发展初期，赛场是在空地上简单地拉起遮挡物而成，没有景观可言。随着足球、棒球、篮球、橄榄球等项目职业化程度的不断提高，一些职业球队开始修建自己的比赛与训练场地，推动了体育建筑景观的初步形成，进而将项目、赞助商和球队标志作为景观的元素，逐渐形成了多姿多彩的体育景观环境。

3. 城市更新扩大了体育景观环境的影响力

英国是世界上最早开始关注城市面貌的国家，其大规模清除贫民窟的运动始于 1930 年的《格林伍德住宅法》（*Green - wood Act*）。两位英国学者迈尔斯和帕迪森（MiIes & Paddison，2005）提出城市更新的文化导向（Culture - led）方法：空间的营造。英国通过修建社区体育中心作为改善旧城环境的重要手段。日本在 1972 年和 1989 年分别制定并颁布了社区体育中心的建设标准，其中尤其强调社区体育中心的建设要服务于社区环境的改善，社区体育中心的建设是城市环境更新的重要组成部分。从而彰显了体育景观环境对城市建设的重要意义，有效地促进了体育景观环境的快速发展。我国经济结构的调整，体育产业的发展，体育场馆建设的增速，尤其是中小型体育场馆建设速度的加快，使与之匹配的场馆景观环境得到进一步丰富，促进了城市面貌的改变。

三、体育景观环境的文化底蕴

体育文化，是人类体育活动方式及由此创造的物质和精神财富的复合体，体育景观环境也必然是这个丰富的复合体的组成部分之一。无论传统还是现代，体育景观环境的设计与体育文化都存在密切的关系，体育景观环境的设计包含了多种体育文化内容，其文化内涵反映着社会体育活动模式和体育建筑的价值观念，及它与体育文化的互动和承载关系。同任何一种文化形式一样，体育景观环境的文化性也是一个发展的、历史的范畴，既有历史的传承性，也有时代的差异性和地域民族的特殊性。而体育文化也深刻影响了体育景观环境，体育景观环境与体育文化相辅相成。体育景观环境以承载体育运动行为的基本物质文化形态、渗透其中的体育运动精神及相关的艺术形式和社会文化心理，共同构筑了整体的、复合的文化属性，并表现出多层面的品格特质，为运动者提供了多层次的体验。要全面深入地理解体育景观环境文化，就必须从它的物质文化属性、精神文化属性及其与相关社会文化的关系中寻求它的文化内涵。

（一）自然与文化在体育景观环境中的体现

体育景观环境设计是建筑设计研究的一个特殊领域，它既包含体育建筑学的内容，又将体育景观环境设计文化纳入其中。体育景观环境包括两种属性，一种是自然属性，另一种是社会属性。体育景观环境是由光、形、色、体 4 种可感受因素组成，具有一定的空间形态，较为独立并且易于从城市环境形式中分离出来，这是体育景观环境的自然属性。体育景观环境本身又具有一定的社会文化内涵，有欣赏功能、改善城市环境及使用功能，可以通过景观环境内涵引发人的情感、意趣、联想等心理反应，同时还受到政治、经济的影响，这是体育景观环境的文

化影响，也是体育景观环境的社会属性。体育景观环境中也融合了体育建筑的文化因素，用建筑材料和空间的构成表达了体育场馆空间功能以外的文化和思想的信息，用体育建筑语言表达了体育场馆的宏伟、优美及与周边景观环境的和谐、统一，彰显了体育景观环境的独特魅力。

（二）地域文化在体育景观环境中的体现

文化具有地域性，这一观点早在古代就被人们认同。民间也有“一方水土养一方人”“十里不同风，百里不同俗”的说法，这些都是文化地域性的体现。体育景观环境本身是一种文化，因此，也具有地域性。这种地域性还表现在它的自然条件上，自然条件包括城市的地形、地貌、气候与水文等，它是城市形成的基础，是人类赖以生存的物质前提，人类的建筑活动就是如何最大限度地取自然之利，避自然之害。地域性是体育景观环境的起点，也是后续动力，体育景观环境建设必须考虑地域因素，因地制宜地发展。唯有此，体育景观才会使人们产生归属感和认同感，才会具有旺盛的生命力。

天津奥林匹克中心体育场是第29届奥运会足球预选赛赛场之一，也是第十三届全运会开幕式和田径赛场（图1－5）。奥体中心体育场是一座不规则的椭圆形建筑，状如水滴，而用金属和玻璃为主要材料制成的明亮夺目的银色“外衣”线条流畅，使这个场馆有着水滴一般的晶莹感，故而被昵称为“水滴”。体育场临水而建、依水而起，四面被一汪碧水所包围，远远望去，这座场馆就像在水中溅起的一颗水珠。在体育场的设计中，处处可见体育场的设计主题：生命之源——水。体育场6万个观众席位被分为上下两层，共63排。而座椅在颜色的选择上则采用深蓝色，中间镶嵌波浪状浅宝石蓝色调，充满动感的曲线像海浪一样环绕着整个场馆。“它象征着天津儿女的母亲河——海河”，项目设计者这样诠释体育场的创意。海河也是天津的象征。海河起于天津市西部的金刚桥，东至大沽口入海，全长73公里，横贯天津闹市。天津人日常生活休闲都离不开海河两岸。“水滴”无疑使天津人民产生了极大的自豪感。

图1-5 天津奥林匹克中心体育场

（三）民族文化在体育景观环境中的展现

民族性，是体育景观环境文化属性的一个重要表现层面，是一个民族或者地区在长期发展过程中形成的文化表达方式。宗教文化、社会经济、思想文明的进步及当地自然环境影响都是使体育景观设计丰富多彩的因素，成了体育景观环境设计的灵魂。中国拥有56个民族，幅员辽阔，人们针对不同气候环境、风土人情、文化习俗、宗教信仰等造就了不同的体育景观环境设计。体育景观环境在反映自然环境与地域人文情怀时，显现出多样化面貌。但是，当地文化是影响体育景观环境设计的一个背景因素，体育景观环境在一定程度上体现着所在地的文化特色和当地的风土人情，甚至民风民俗习惯。不同地区地处不同的地理大环境中，因此，在体育景观环境建设过程中，要深入挖掘当地的民族特色，并将其转化为景观环境元素符号，映射在体育景观环境中。这种民族特色元素可以通过体育场馆建筑、雕塑、景观小品以及本土材料的运用来表达。

矗立在鸟巢和水立方旁边的北京盘古大观（图1-6），是集居住、旅游、办公于一体的综合性建筑。在设计上弘扬东方文化，表现“龙”的精神，从建筑的整体造型看，象征中国是一条腾飞的巨龙，深刻体现出了中国传统文化元素。我们是龙的传人，龙是极具中华民族特色的文化符号，是中华民族的象征，具有崇高的精神文化意义，代表着神圣和幸福。抽象的龙的造型线条柔美、气韵古典雅致，与鸟巢、水立方的“天圆地方”组成了一幅和谐的画面，是民族特色和现代体育景观环境的完美结合。

图 1－6 北京盘古大观

四、我国体育景观环境的研究

我国具有悠久的体育景观环境史，但对体育景观环境的研究起步较晚并发展缓慢，直到 1999 年北京申办奥运会，才进入比较系统的研究阶段，并在 2008 年北京奥运会成功举办后，日益受到社会的关注和重视。体育景观环境的前期研究，虽仅限于对一些问题进行碎片化的理论探讨，缺乏系统的研究，却积累了许多有价值的研究成果。进入 21 世纪，在前人研究的基础上，诸多领域的学者开始对体育景观环境进行系统的研究，开创了体育景观环境研究的新局面。

（一）体育景观环境的研究内容

体育景观环境的研究内容十分丰富，涉及面广，它以系统的观点综合研究景观环境因素对体育运动的影响和体育运动对景观环境的作用，探索其规律，协调体育与景观环境的关系，既要保护景观环境，又要发展体育运动。其研究主要分为以下 8 个方面。

1. 庭院体育景观环境

庭院体育景观环境即人们日常活动所处的体育景观环境，包括住宿、购物、餐饮、娱乐、社交等所处的院落、宾馆、饭店、商场甚至影院、酒吧等场所。

2. 社区体育景观环境

社区体育景观环境即人们日常户外活动所处的体育景观环境，包括锻炼、娱乐、休闲等所处的小区绿地、广场、林荫道、体育雕塑等。

3. 公园体育景观环境

公园体育景观环境包括休闲公园的体育景观环境和城市体育公园、全民健身示范区的景观环境，距离人们日常生活范围相对独立，通常是人们假日体育赛事、健身休闲、游览观光的对象，当然一些距离较远的森林公园也同样属于此类别。

4. 学校体育景观环境

学校体育景观环境即大、中、小学校的体育景观环境，主要包括教学区、学生宿舍区、体育教学活动区等。

5. 体育场馆景观环境

体育场馆景观环境即体育中心、各类体育场馆等区域的体育景观环境，主要包括体育建筑、竞赛区、休闲区、服务区等。

6. 体育赛事景观环境

体育赛事景观环境即各类体育赛事的景观环境，主要包括体育赛事的内环境和体育赛事的外环境等。

7. 城市体育景观环境

城市体育景观环境主要包括分布在城市广场、街道、社区、路旁等地的体育景观，以此为中心，形成了体育景观环境。

8. 健身步道景观环境

健身步道是一种供人们进行走、跑锻炼的道路，还可以在步道上进行自行车、轮滑、滑板的锻炼。其景观环境主要包括标识（里程数标识、健康与健身指南标识）、地面铺装、雕塑、休息设施，及其他身体测试和保障设施设备等。

随着经济的发展，我国城市体育景观环境建设得到重视，其中重要的一方面就是通过修建文化广场、运动主题公园等方式来提升城市生态环境以改变城市面貌。在我国，已经实施的全民健身工程，特别是遍布城乡的健身路径，与壮观的健身人群一起被世界公认为“最具中国特色的运动大景观”。对健身人群来说，不仅要有锻炼的场所，还要有愉悦身心的环境，即体育景观环境应具有浓郁的文化性。每一处体育景观环境都是各自设计理念的凝结，这种理念体现在其周围的一草一木上，铭刻于碑石和建筑上，使其环境潜移默化地影响着每一个在它周围出现的人。另外，体育景观环境有自身的个性特色。它既可以是一个独立的小空间，也可以是一个完全开放的综合性体育景观，让身处其中的人都能够感受到它的喧闹与宁静，独立与开放。体育景观环境因场地用途和使用对象的不同而呈现差异，竞技类体育景观环境面对的对象主要是运动员，而休闲类体育景观环境面对的对象主要是普通的人群，所以两者在体育景观环境的设计上就会出现比较明显的差异。随着体育场馆功能的开发和面向社会开放力度的不断增大，体育景观环境的兼容性和多义性也越来越受到重视，使体育景观环境研究向更广泛的包容性方向发展。

（二）体育景观环境理论体系的完善

需求决定理论，理论又引导需求。随着我国体育建筑发展的日新月异，发展重心的下移，市县级体育场馆如雨后春笋般出现，环境问题相伴而生。而人们对体育景观环境的需求则呈多层次、多元化发展。例如，天气晴朗宜人时，人们喜欢沐浴着阳光，呼吸着新鲜空气，置身于大自然中欣赏比赛或从事健身休闲活动。体育馆虽然避开了恶劣气候的干扰，但并未将人们带入“世外桃源”，晴好的天气中，阳光没有室外充沛，空气不如室外清新，视野所及的景观相对单调，环境亦缺乏生机等。因而，人们希望体育馆屋盖随天气变化可开可合自由调节，体现出对户外运动环境的向往，希望在充满自然气息和文化氛围的空间环境中强身健体和愉悦身心。多方面的需求促进了体育景观环境理论方法的完善，并将在实践中不断创新发展，如图 1 – 7 所示。

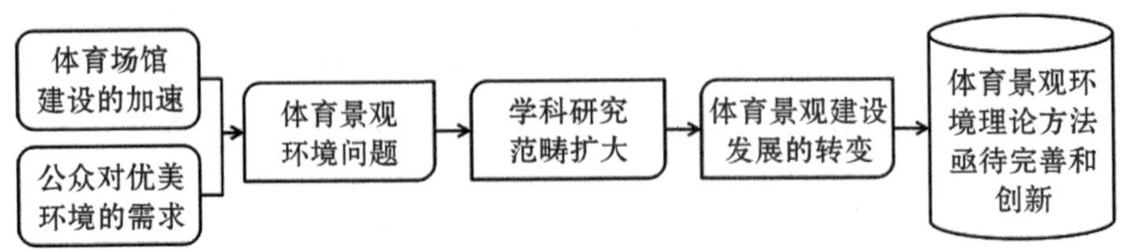

图1－7 体育景观环境理论方法的完善和创新

【案例】

英国谢菲尔德的城市更新

谢菲尔德（Sheffield）位于英国的中心，坐落于南约克郡，是英国的第四大城市。谢菲尔德虽然在行政单位上属于英格兰北部，但其地理位置实际上位于整个英国的中心地带，距伦敦170英里，是一个曾经以钢铁制造业而闻名于世的工业城市，当今已趋向多元化发展。

一、工业化城市带来的问题

19世纪时，谢菲尔德是一座以钢铁产业为主的工业化城市，不锈钢就是在这里发明的。作为英国最老牌的工业城市之一，随着工业的衰落也随之陷入萧条期。钢铁给谢菲尔德带来了财富，也带来了环境污染。因此，从1950年开始，随着钢铁产业的提升和转型，城市也开始考虑转型，但举步维艰；到20世纪70年代的时候，一些小厂开始被迫关停；到80年代初，整个产业开始坍塌，城市留下了大片的废墟和污染，人们在失业中极度不满和失望，谢菲尔德一度被称为“最肮脏丑陋”的钢铁城市。

二、“工业城市”向“体育之都”的转型

今天的谢菲尔德已发展为除伦敦之外，英国经济增长最快的城市，这与它把握1991年世界大学生运动会的举办契机，成功转型为体育城市有着密切的关系。谢菲尔德拥有悠久的体育历史，是世界上最古老的足球俱乐部发源地。1857年成立了世界上第一个官方足球俱乐部——谢菲尔德联队。同时，斯诺克世界锦标赛

每年都在这里的库鲁斯班剧院举行。此外，国际保龄球公开赛也在这里举办。

1987 年，谢菲尔德成功获得 1991 年世界大学生运动会的举办权，开始在工厂废墟上建起了一个个高档次的场馆，通过修建场馆作为改善旧城环境的重要手段，并加大力度建造体育建筑景观，改善城市景观，逐步形成了体育产业，新的产业开始让城市复苏。赛会过后，谢菲尔德市留下了高水准的体育、休闲综合设施，推动了整个城市的产业形态升级和转型。这座城市的大部分体育设施都是为 1991 年世界大学生运动会建造的，如唐河谷国际体育场（Don Valley International Athletic Stadium）是英国最大的露天体育馆，能够容纳 2.5 万人。

三、谢菲尔德国际场馆管理集团的运作

谢菲尔德国际场馆管理集团（Sheffield International Venue，以下简称谢菲尔德集团）是欧洲最大的体育、休闲和娱乐场馆管理公司。该集团是为管理 1991 年世界大学生运动会遗留下来的场馆而成立的，管理着谢菲尔德市 14 所大型体育、休闲及娱乐设施。在一个只有 50 万人口的欧洲中等城市，每年接待 400 万消费者，年营业额 2 000 万英镑，谢菲尔德集团所取得的成就令人瞩目。目前，谢菲尔德集团管理的体育场馆均由政府投资，负责场馆经营，使场馆基本达到增值保值的目的，并完成所经营场馆维修保养和扩建的目标，在场馆经营税收方面享受优惠政策。

集团所管理的场馆中包括 5 个世界级场馆，年营业额达到 2 000 万英镑，每年举办 2 000 多场赛事，员工多达 730 名，1.25 万名“运动无极限”会员。世界斯诺克学会总部、8 个英国国家体育协会都设在谢菲尔德，所辖场馆每年超过 15 小时的电视直播，高达 1 000 万的观众。谢菲尔德集团的目标是吸引更多客户，挖掘个人潜力，最大化经济影响力，提高城市形象，承办国际和国内音乐活动、体育赛事等，以及商业活动和社团活动。

四、城市的发展

1996 年，英国政府授予谢菲尔德“国家体育产业城”的称号。作为英国的第一个“体育之都”“赛事之都”，谢菲尔德已经拥有了完整的体育产业链，全市有 2.5% 的市民直接就业于体育产业。体育让谢菲尔德获得了很好的经济效益、社会效益和环境效益，不仅较好地解决了产业与社会结构的转型，以及市民的就业问

题，同时通过大力发展体育产业带来了整个城市环境的改善，促进了城市更新，体育打造出了一个全新的城市风貌，成为谢菲尔德的一张独具魅力的城市名片。

今天的谢菲尔德聚集了大量的赛事资源，除了一年一度的斯诺克世锦赛外，国际田联大奖赛、黑球世锦赛和世界橄榄球联赛等全球顶级赛事都进驻谢菲尔德，并以拥有众多的户内外体育运动设施而著称。谢菲尔德承办的国际大型体育赛事较多，对体育场馆的要求也越来越高，而与体育场馆息息相关的景观环境也潜移默化地影响着整个城市的环境质量，并逐渐形成了独特的体育景观环境。

问　题

1. 体育在英国谢菲尔德城市更新中扮演怎样的角色？
2. 城市转型过程中，体育产业所起的作用有哪些？

思考与讨论

1. 体育景观的产生与发展、体育景观的基本概念。
2. 体育环境的产生与发展、体育环境的基本概念。
3. 体育景观环境的产生与发展、体育景观环境的基本概念。
4. 试述体育景观环境的研究内容。
5. 为什么说体育景观环境理论体系亟待完善和创新？

第二章 体育景观环境的功能与类型

【内容提要】 通过本章的学习，要求学生了解体育景观环境的基本特征，掌握体育景观环境的基本功能、体育景观环境建设的基本原则，以及体育景观环境的基本类型等相关理论和基本知识。

体育景观环境的建设与发展，首先要了解其内部自身体系的内涵，主要包括体育景观环境的基本特征、基本功能、建设的基本原则，以及体育景观环境的基本类型等内容，在此条件下，为研究和应用奠定理论基础。

第一节 体育景观环境的基本特征与功能

每个区域都拥有特定的地理环境、文化底蕴、历史背景和长期社会实践中形成的风俗习惯，这些因素影响着一个区域特有的体育景观环境，并成为区域之间体育景观环境相互区别的特征所在。体育景观环境离不开所依托的区域大环境，是区域风貌最直接的体现，区域的历史和文化奠定了其景观风貌的基调，区域自身诸多景观环境因素的存在，为体育景观环境的继承与延续及基本功能的发挥提供了有力的保障和稳固的物质基础。

一、体育景观环境的基本特征

体育景观环境，通过其中不同媒介作用的建筑空间与环境所包含的美和表达的意义而聚合成独特的景观风貌。体育景观环境通常是一个互相联系的庞大体量，如何将周边景观与体育建筑相互融合，体现其特征，是整个体育景观环境建设中需要关注的重要环节。同时，也要对地域文化与生态理念进行周密的考虑，以丰富体育景观环境的内涵，提高其品质。体育景观环境的基本特征主要表现在以下6个方面。

（一）区域性

体育建筑分布广泛，所在城市和基地环境各不相同，不同区域不同性质的体育场馆对文化亦有不同形式的表达。其风格的创造、形体的塑造、体量的安排、尺度的处理等必将依环境条件之不同而各有所依，以体育建筑为核心的体育景观也个性鲜明，异彩纷呈，彰显出鲜明的区域性特征。一方面，地球表面是形态不同的层面，由于日照、气温、风向、降雨、湿度及地形的差异而形成了不同的自然景观，使其具有区域性特点。另一方面，由于区域人民的不同文化背景和不同审美观念，形成了不同的人文景观，使人文景观也具有了区域性特点。因此，不同地区存在着不同的自然景观形态和人文景观形态，使体育景观的艺术性，在不同区域，其形式和内涵存在差异。

作为人与自然中介的体育建筑，对外应有利于形成适宜的外部环境，对内应保障宜人的室内环境。毫无疑问，体育景观环境是一个地区的产物，世界上不存在抽象的体育景观环境，只有具体地区的体育景观环境，它总是根植于具体的环境之中，受到当地文化的影响，这是造就体育景观环境特质的基础。同时，体育景观环境要关注地域特征和气候条件，寻求现代技术与地域气候、自然资源和生态环境的结合，不断探索在地域自然生态意义上实现可持续发展的路径。我们用先进的技术创造出优秀的体育景观环境和供人类享受的空间及体育景观文化，同时，我们也要让体育景观环境对环境起到积极作用。体育景观环境的区域性特征

就是为了使体育景观环境与其所依存的环境和谐共生。这是体育景观环境在一定的环境下必然产生的特征，这种特征是体育景观环境在自然方面的区域性表现。体育景观环境的区域性还表现为体育非物质文化景观的区域性。体育景观环境存在于地域差异性中，不同文化模式下的体育文化风格、体育项目的外在直观表现形式、体育文化传统、体育组织和体育赛会的标志、体育竞赛的特点、体育格调也表现出某些差别，这是体育景观文化区域性的民族性之缘。

（二）生态性

工业化的发展在给人们带来科技进步、经济收入提高的同时，也在严重破坏着人们赖以生存的自然环境，带来一系列的自然灾害。例如，水土流失、温室效应、臭氧破坏、光污染等，严重影响人们生存的质量。而在体育场馆的建设中，注重对景观环境的建设，对场所中的阳光、地形、植物、水体等善加保护和利用，以改善空气质量、降噪声、保湿度，保持总体的生态平衡，使建设的过程将自然因素有机融合，让体育景观环境在自然界中生长，也参与生态系统的运作，形成生态圈，从而维护场所健康，同时也是体育景观环境本身的健康。

在体育景观环境建设中利用植物和水体（图 2－1、图 2－2）这些构成元素，可以净化空气、调节气温、保持水土。在道路绿化中利用植物可达到庇荫、滤尘、减弱噪声及防眩光的作用。若采用乡土植物，则在降低经济成本、发挥最大的生态效益、满足交通功能的同时，还可与城市自然环境、历史建筑及现代建筑环境有机地结合在一起，创造有特色、适合人类生存的城市生态环境。

图 2－1　大荔同州湖景区健身步道图

图 2－2　同州湖景区健身步道绿化带

（三）主题性

主题性在景观文化中起到纲领性作用，是文化营造的思想体现及精髓所在。同一景观的文化体现可以是丰富多彩的，也可以是单一化的，但所有文化内涵的背后必须有主题统领。每次大型赛事的举办，举办方都会提出赛事的主题，如北京奥运会提出了“同一个世界、同一个梦想”，集中体现了奥林匹克精神的实质和普遍价值观：团结、友谊、进步、和谐、参与和梦想，表达了全世界追求美好未来的共同愿望。主题的提出，需要结合赛事文化、地域文化、时代文化和体育文化，可以说是一个时代中文化的结晶。赛事一般由一地独立承办或多地联合承办，赛事主题的确定代表了赛事所在城市所想表达给外界的信息，而赛事主题往往通过体育景观环境淋漓尽致地表达出来。

2014 年，在南京举行了青年奥林匹克运动会，这是继北京奥运会后中国的又一个重大奥运赛事，是中国首次举办的青奥会，也是中国第二次举办的奥运赛事。青奥会提出的口号是“分享青春，共筑未来”。这是一条高度凝练奥运理念和举办城市文化的口号：以“青春”体现青年人和青奥会的基本特征；以“未来”体现奥林匹克运动的大同理想、人类社会息息相关的共同命运；以“共筑”体现奥林匹克友谊和团结的基本原则。南京青奥会口号不仅是青奥会的形象代言，承载着表达赛事精神、传播办会理念的重要使命，同时也是展现举办城市风采、凸显城市文化底蕴和人文精神的文化载体。该口号把南京人民的热情、友善及愿意分享文化和遗产的愿望成功地传达给了世界各地的青年人，有利于促进跨文化的交流。而青奥会的会徽、吉祥物、奖牌等赛事形象景观，乃至圣火传递活动，均围绕着主题口号的意蕴设计，也很好地诠释了赛事主题。

（四）整体性

现代广义建筑学的观点是强调都市、建筑、景观的三位一体。因此，在现代体育景观环境建设中充分考虑了系统的整体性。优秀的体育景观环境与建筑总体规划融为一体，甚至在材料和主题的选择上都互有呼应，形成了鲜明而有特色的、与城市和体育建筑一脉相承的体育景观环境。而整体性首先体现在体育景观环境的风格定位上。风格定位是对人在空间中运动模式的引导，主要与空间的结构特

征相适应，空间中通过一些元素的限定形成城市的总体印象，指导人在空间环境中的运动，同时对所处环境产生一定的认同感。其次，体育景观环境在空间形态上也保持着整体性。其利用自然地形，形成不同高差的景观效果，丰富其立体层次；利用环境中道路的曲直变化，如车道直、行道曲，加上道路两旁的植物变化，形成不同的景观效果。另外，环境中人的正常视线范围内的景观与人对周围环境的感知联系密切，包括入口环境的栏杆、线脚、植物配置、地面铺装、人流路线引导、视线引导及材质、色彩、图案等方面的细部处理，都能体现整个体育景观环境的整体性。此外，体育景观环境是城市环境的组成部分，也要与城市建设融为一体。

体育景观环境规划还必须注重整体效益，尤其是在多种景观特征的区域和总体景观区域规划中，不能仅仅强调某一元素的单一效益或局部利益，要避免因区域景观破碎化而导致整体环境竞争力下降。只有重视体育景观环境的整体性，才能协调好与整个区域的关系，促进区域社会、文化、经济、环境的共同发展。

（五）参与性

体育景观的参与性不仅仅是表现在对某个活动项目的参与上，更是一种融入场景的感觉。景观体验包括视觉感受、心灵体验和行为体验 3 个方面，品质优秀的体育景观环境能使人们在心理上与景观环境产生共鸣，人们不是被动地参观，而是主动融入某个体育景观环境，使体育景观看得见、可触摸、能感受，从而具备了很强的参与感和体验性。

（六）时代性

时代在前进，艺术在发展，体育景观环境在保持区域性的同时，必须与表达当代人的感受紧密结合，这是社会与民众的需求。区域性与时代性是紧密联系又互相区别的两个方面。在当今快速发展的信息化社会中，仅仅单纯沿用前人的概念、方式和表现形式反映人们现代的生活，显然不合时宜并违背社会发展规律。因此，时代性是不言而喻的，它是体育景观环境发展的重要标志。不同时期的体育景观环境必然能够反映不同时代的文化内涵，打上不同时代的烙印，体现不同时代的精神风貌和审美追求。例如，秦汉的雄浑磅礴、魏晋的秀雅飘逸、盛唐的富丽堂皇、宋代的清新严谨等，均代表了各个不同时期的时代风貌。

图2－3　第1届奥运会会徽

经济发展对艺术的影响显而易见，体育景观环境向着多元方向发展已成为不争的事实，从早期奥运会招贴画似的会徽到今天抽象性图案的表现形式的变化，即可见一斑。图2－3～图2－5分别是1896年第1届奥运会（雅典）会徽、1984年第23届奥运会（洛杉矶）会徽、2016年第31届奥运会（里约热内卢）会徽。不同时代人们的审美要求不同，体育景观环境只有成为符合时代审美演变的作品，才能被时代接纳。

图2－4　第23届奥运会会徽

图2－5　第31届奥运会会徽

二、体育景观环境的基本功能

随着社会的进步与发展，体育景观环境越来越显示出其不可替代的功能，发挥出较大的作用。其功能主要体现在观赏功能和服务功能两个方面。

（一）观赏功能

现代体育建筑和景观环境承载的内容越来越宽泛，在古希腊最早出现了体育公园的雏形。在雅典、斯巴达、科林思等城市内外都大建体育场，许多位于城郊的体育场不仅规模宏大，而且还靠近水源、风景优美。为举行奥林匹克运动的体育场依山而建，在场地中就能看见树木葱郁的森林，自然景色极为优美。在柏拉图时代，哲学家们要求运动场建在有水源的自然环境中。雅典的4个大型体育场内都设有大的公园，其景色曾被描述得如同花园一般。现在国内许多城市也都有与众不同的体育景观，其景观标志性建筑——体育场馆一般坐落在城市最瞩目的位置。根据国内体育场馆的建设规模和设计理念，标志性建筑往往成为游客到达一个陌生城市的主要参观和留影合照地。2008年北京奥运会主会场——“鸟巢”无疑是众多体育场馆之中的亮点，接待着络绎不绝的游客；而青岛奥林匹克帆船中心（以下简称“奥帆基地”）（图2－6），在奥运会后，随着城市建设思路的进一步明晰，“帆船之都”逐渐唱响国内外，奥帆基地成了青岛这座海滨城市的著名旅游景点。随着经济的发展，体育景观环境越来越注重功能性与城市文化的融合，以人工景观打造城市文化亮点，从而提高城市的知名度，吸引更多的运动者、观光客与投资者，进而提高了人们的生活质量。

图2－6　青岛奥帆基地

（二）服务功能

体育景观环境中的体育建筑设计不但要站在美化环境的角度上考虑，更应该充分考虑它的实用性，这是由于体育建筑主要是人们为了身心健康进行身体锻炼的场所。因此，体育景观环境设施的设计要人性化，充分考虑到人们在体育景观环境中可能发生的行为，在整体景观里面通过设置园林设施、休闲设施、游戏设施、运动设施、服务设施等，满足人们的实际使用需求。在室外景观环境规划中，应首先考虑人流的疏散和安全问题，尤其每逢重大体育赛事或大型演出活动，大量观众的聚集和疏散相对集中，这就需要足够的聚集场地和顺畅的交通组织。另外，还要考虑盲道和残疾人坡道的设置，满足他们的需求，让人人都能感受到参与体育活动的舒适与方便。同时，体育景观环境空间的布局也要按照功能来进行划分，要既能满足体育赛事的需求，又能在赛后满足居民的健身需求。运动设施位置要合理安排，方便人们使用，此外还可以通过背景墙、宣传栏等介绍相关体育知识，起到普及宣传科学健身和寓教于乐的作用。

第二节　体育景观环境建设的基本原则

体育景观环境建设，需把握不同群体的特点，在尊重地域文化，有利于生态文明建设的前提下，结合实际，解决好各因素之间的矛盾，创造出能够保证体育健身效果的景观文化氛围，使体育景观环境更好地服务于社会。因此，在体育景观环境的建设过程中，应遵循以下 6 项基本原则。

一、整体性原则

体育景观环境是区域空间环境的有机组成部分，它与所处的空间环境之间有着密切的依存关系。规划设计时，应依据环境的要求与特点，确立景观的主题与特色，在造型、材质和色彩等因素的设计上，都与区域整体环境相协调。体育景观环境所处的环境包括自然环境、人文环境和社会环境，均对体育景观环境规划有着非常大的影响，是设计时需认真考虑的外在因素。因此，在体育景观环境建设时要具有整体性，一方面应充分考虑相关因素，丰富体育景观元素，营造良好的区域环境，满足精神上的愉悦；另一方面，激发人们的体育健身热情，满足人们的健身活动需求。

二、动态性原则

体育景观环境规划建设具有相对的稳定性和阶段性，但由于我国正处于社会转型期，社会结构的调整，社会分层的出现，使社会对各个区域的影响加大，这种冲击带来了体育景观环境内在各要素的相对动态性，在规划建设体育景观环境时，既要考虑当前目标的实现，同时也要为今后的发展变化留有操作空间，以利于体育景观环境建设的可持续性发展，使区域发展始终充满生机和活力。

三、生态化原则

生态化是现代人回归自然、亲近自然的本性需求，自然优先是体育景观环境规划设计最基本的原则，自然环境是人类赖以生存和发展的基础。规划设计建设体育景观环境时，可以首先对原有坡地、植被、溪流等景观要素进行保护和利用，充分体现自然美，突出体育与自然的紧密结合，减少对生态环境的影响；其次，在充分尊重自然生态系统的基础上，合理优化人文景观，寻求适应自然生态环境的景观表达形式，进行自然的再创造，为人们提供运动休闲的理想环境。具有生态性的体育景观环境能够唤起人们美好的情趣和感情的寄托，达到如诗如画的效果，从而吸引人们产生长期在体育景观环境下进行体育锻炼的愿望。

四、人文性原则

文化脉络是保持和发展区域环境特色的根本，良好的体育景观环境离不开区域的文化脉络。人文景观环境作为所处环境的有机组成部分，展现了当地的人文精神和素质。人文元素的融入使体育景观具有更强的特色和魅力，其文化性还可以提高体育景观环境的品位，增强体育场馆的吸引力，对创造良好环境形象具有重要作用。而良好的体育景观环境本身又是对区域文化背景和积淀、居住区成员的审美趋向的综合反映。在人们的生活中，审美是建立在对传统文化体验基础上的，而文化体验的核心是文化继承，是区域文化得以保存和延续的根本，也是区域文化特色的体现，对于具有历史价值、纪念价值和艺术价值的景物，应有意识地挖掘、利用和维护。重视体育景观环境建设的人文性，除了要对区域成员体育活动特点和需求进行综合分析之外，还应充分了解该区域的文化脉络，从精神文化的角度来把握景观内涵特征，保持其形象的延续性，使体育景观环境发挥出“区域名片”的作用，提高景观的价值，增强其文化凝聚力。

五、观赏性原则

景观是具有审美价值的景物，观赏性是体育景观环境规划时的基本依据，它源于人类的精神需求。景观的观赏性是与艺术、功能、科学这3方面紧密联系、相辅相成的。有吸引力的景观环境具有和谐性、多色彩、自然性、时间上季节和年度的变化。观赏性具有多层次性和多样性的表达方式，不同区域的文化传承差异，使体育景观环境规划时所遵循的观赏性的内涵也存在不同。同时，观赏性应以生态保护为前提。要实现体育景观环境的观赏性，须把握个体的形态结构与整体空间环境中的主从关系、对比关系等，使体育景观环境具有良好的比例和尺度、节奏和韵律，并充分考虑材质、色彩的美感，结合制作过程中的各种技术要求，形成造型别致、内容健康、具有艺术性的景观环境作品。

六、健身性原则

体育景观环境建设，是为了满足人们日益增长的体育文化需求，这是体育景观环境建设的首要目标和核心功能。但在现实情况下，体育景观环境与体育需求之间存在着差距，这种差距不仅表现在数量与规模上，也表现在整体布局与配套环境上。对体育景观环境的建设，就是围绕不同需求的人们进行体育健身活动这一中心，不断挖掘体育景观环境的功能，制订出符合大多数人要求的规划方案。体育景观环境与体育健身效果是息息相关的，其间一件器械的摆放、一处座椅的设置、一抹色彩的变化、一片绿地的布置、一个雕塑的设计，在空间中均可能因为与周围环境的区别或相容而备受关注，成为促进人们开展体育活动的诱导，显示出环境对人的影响力。把握体育景观环境的基本构成要素，关注人的心理效应和行为特征，注重其内涵的挖掘，不仅使有限的体育资源最大化利用，而且使体育健身成效显著。

第三节　体育景观环境的基本类型

体育景观环境的建设，发展速度快、涉及范围广、影响力大、感染力强，已融入社会各个方面之中。体育景观环境类型的划分有多种方法，可从不同的视角进行分类。综合各种因素概括地讲，体育景观环境主要可分为 3 种基本类型，如图 2 - 7 所示。

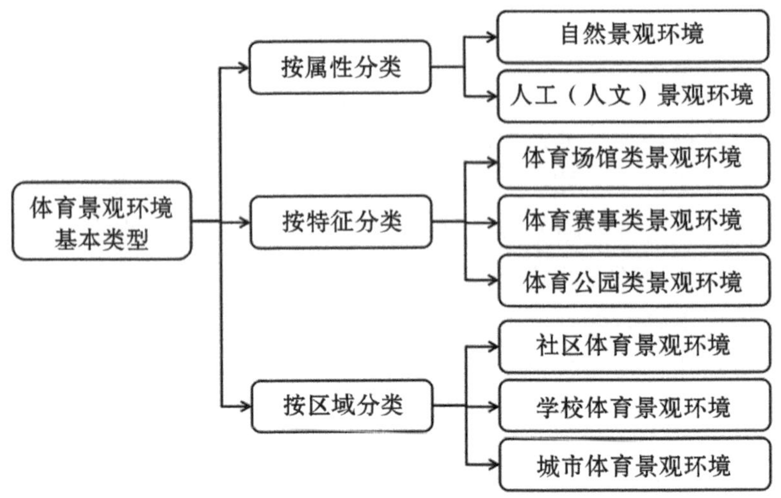

图2－7　体育景观环境的基本类型

一、根据基本属性进行分类

按基本属性分类，体育景观环境可分为自然景观环境和人工（人文）景观环境两个方面。

（一）自然景观环境

自然景观环境，主要是指规定区域内自然条件的总和，包括由古树名木、低矮灌木、自然植被等形成的生机盎然的植物景观环境；由坡地、山丘形成的错落有致的地形地貌景观环境；由溪流、瀑布形成的富有灵气的水体景观环境；由地质矿石、天然奇石形成的返璞归真的山石景观环境；和由冰雪、海洋形成的特色鲜明的气候景观环境等。现代社会人们越来越重视生存环境的改善和环境质量的提高，这已成为促进社会可持续发展的一件大事。体育运动都是在特定的自然环境中进行的，没有环境便没有体育运动，适宜的自然环境，将有助于促进体育锻炼者和休闲娱乐者的身心健康发展。

自然景观环境的保护与利用，可以最大限度地保护自然环境，美化环境，减少因体育场地建设而对环境造成的负面影响。为此，在规划体育景观环境时，应巧妙地运用自然条件，借景造物，使体育建筑、景观环境与自然条件相呼应，宛如天成。

（二）人工（人文）景观环境

人工景观环境，即人文景观环境，是人的意志、智慧和力量相互作用共同形成的景观环境，主要包括体育雕塑景观环境、体育建筑景观环境、园林绿化景观环境、复合景观环境等。人工景观环境主要通过两条途径来实现：一是指人类依靠自身的智慧和创造力，通过综合运用文化和技术等方面的知识，形成具有文化审美内涵和全新形态面貌的景观环境；二是为了满足人们自身的精神需求，在自然景观环境基础上附加人类活动的痕迹，结合人类文化共同形成，如园林绿化景观环境等。

人工景观环境的规划应以自然科学和社会科学为基础，使人工景观环境能够保护和利用、引导和控制自然景观资源，体现人与自然的和谐关系，引导人们的视觉感受和体育文化取向，形成高品位的物质和精神环境。

二、根据基本特征进行分类

体育景观环境按基本特征分类，是依据体育环境特征进行划分的，主要包括大型体育场馆、体育赛事、体育公园 3 个领域。

（一）体育场馆类的景观环境

体育场馆类的景观环境，最显著的一个特征就是其具有标志性，尤其是大型体育建筑。体育场馆类的景观环境，是以体育建筑为载体，围绕体育建筑进行的各类景观环境的策划与建设，以达到体育建筑的标志性、观赏性、引导性、激励性等目的，从而为大自然的变化、城乡的建设以及整个社会带来影响等。体育建筑类的景观环境主要包括体育场馆区域内及周边的园林绿化、建筑物、广场等组成的景观环境空间。其主要有 3 大领域。

(1) 城市中的大型体育中心（场馆）景观环境。

(2) 社区体育中心（场馆）景观环境。

(3) 学校体育中心（场馆）景观环境。

（二）体育赛事类的景观环境

体育赛事类的景观环境，是以体育赛事为载体，围绕体育赛事进行的各类景观环境的策划与建设，以达到提高体育赛事的影响力、竞技性、观赏性、引导性和激励性的目的，为大赛的举办、运动员的参赛及观众的观赏带来便利，为赞助商带来影响力和效益等。就群众体育和竞技体育而言，体育活动的发生，既存在于体育建筑内部，也存在于体育建筑外部。而体育景观不仅仅蕴含于体育建筑的外部环境中，其内部环境中，依然有丰富多彩的景观形式。

1. 室内各类体育赛事景观环境

室内各类体育赛事景观环境是指位于体育建筑（主要指体育场馆）内部的赛事景观环境。内部环境的优劣是影响体育运动氛围的重要因素。对于内部环境景观设计，应从单纯的效率性的物用功能，向以调节与启迪运动者的情绪与心理需求为主转化，充分体现出对个人和群体的人文关怀。图 2－8 为北京奥体中心体育场通道内会议室，体育文化的传播处处显现。图 2－9 为西安奥体中心体能训练房内部色彩景观，将动与静及五环的色彩巧妙搭配，为运动员营造了一个视觉舒适、体育元素丰富的运动环境。

图2－8　北京奥体中心体育馆内会议室

图2－9　西安奥体中心体能训练房内部色彩景观

2. 室外各类体育赛事景观环境

环境是围绕着人群的空间及其中可以直接、间接影响人类生活和发展的多种自然要素与社会要素的总和。体育建筑外环境是区别于内环境而定义的。体育建筑外的植物、铺装、小品、雕塑、构筑物和建筑的外装饰等均是构成外环境的物质要素。其中，过渡性空间，如敞廊、内天井等也属于外环境范畴。从空间角度来看，外环境也称为外部空间、户外空间等。基于以上分析，将外环境景观定义为以体育建筑为核心，分布于体育建筑的外部环境之中的景观。外环境中的体育赛事景观，主要包括了标识导视、不同表现形式的吉祥物、会徽、火炬及地面铺装等，构成浓郁的赛事氛围。

（三）体育公园类的景观环境

体育公园类的景观环境，最显著的一个特征就是其具有运动性。体育公园类的景观环境，是以体育为核心，以公园为载体，围绕体育运动与体育设施进行的各类景观环境的策划与建设，以达到彰显体育公园的运动性、休闲性、健身性、陶冶性、观赏性、生态性之目的，为体育运动的开展、全民的参与及生态的改变带来影响等。体育公园类的景观环境主要包括 3 大领域。

（1）体育公园景观环境。

（2）全民健身广场景观环境。

（3）健身步道景观环境。

三、根据区域进行分类

按区域分类，体育景观环境主要是从社区、学校及城市的角度进行划分的。

（一）社区体育景观环境

社区体育场馆设施，是为满足周围居民健身而建立的，融交流、休闲、娱乐等为一身的公共活动空间，而且也是社区居民日常生活中不可或缺的基础设施。社区体育景观环境，应注意满足体育场馆设施条件、周边环境特点、功能规划与分区、设计风格与表现形式等方面的要求，同时，还应注意社区景观环境的整体性。社区体育景观环境建设，大多是在小区建成后才规划建设。因此，必须注重与绿地建设相结合；与住宅小区配套建设相结合；注重与绿地的协调，注重与环境的协调，精心策划，构建社区体育景观环境，使之成为城市新景观环境。

社区体育场地设施一般较为分散，并以篮球场、活动广场和健身路径为主，景观元素则以植物、铺装、宣传牌、雕塑、休息设施等为主，体育场馆周围道路、广场、各区域之间的空地，以及绿化带等，都是体育场地景观环境设计时可供利用的资源条件，也是景观环境最基本的构成要素，可以达到体育园林化的效果，产生文化环境与自然环境水乳交融的意境。这些要素既各自独立，又相互联系和制约，同时对社区居民生活空间产生相互作用和影响，并共同构建出社区体育场地设施景观环境统一体，成为社区精神文明与物质文明建设的重要要素。

（二）学校体育景观环境

学校是教育的中心，教育是提高国民素质的重要途径，是社会进步和革新的根本。学校承担着推动社会发展和人才培养的伟大使命，因此，对学校体育景观环境建设提出了严格的要求，只有强化和遵循学校体育教育的发展规律，才能使学校体育景观环境达到育人之目的，在促进人才全面成长中发挥重要作用。

不同类型的体育环境面对着不同的群体，他们对生态环境、文化品位、生活方式有不同的要求。学校体育景观环境建设则需把握师生群体的特点，才能创造出适宜的体育文化氛围。学校体育场馆的功能具有多义性，既是体育活动场所，也是学生晨读、师生休闲、学校集会场所。在体育景观环境规划时，需考虑多种不同的需求与各种因素，应突出教书育人的性质和浓厚的文化气韵，符合学生审美心理和校园特征。例如，中小学体育场馆的景观色彩环境可欢快、松弛，主色调可以暖色为主；而大学体育场馆的景观色彩环境则可相对平和，从而给学生以愉快、轻松、活泼和欢快的色彩感受，提升教学活动中的心理舒适度，带给师生蓬勃向上的精神动力。

学校体育景观环境建设，常用要素包括植物、雕塑、色彩、宣传设施、照明设施、休息设施等。雕塑景观在学校体育场馆景观中起着标识和引导作用。图2－10为校园内的雕塑景观，名人题词镌刻于上，既点明了体育的重要性，又标示着已进入学校运动区域。

图2－10　石刻

由环境对人的作用的显而易见性可以看出，学校体育景观环境对体育教育效果的影响也是显而易见的。良好的学校体育景观环境对体育教育效果起着积极的影响作用，学校体育景观环境对教育效果的影响，概括起来主要体现在以下3点。

1. 提高生理机能

良好的体育景观环境是基于尊重和保护环境，注重师生体育需求，充分体现以人为本的基础上规划设计并不断优化的，并且在自然景观方面尽可能降低了对环境的破坏。在这样的景观环境中开展体育健身活动，体现出人与自然的和谐相处，学生沐浴在清新的空气中运动，有助于提高学生体育锻炼积极性，逐渐养成终身体育习惯，从而促进生理机能的改善，提高身体素质。

2. 改善心理健康水平

体育建筑景观环境是体育教育的基础，良好的体育建筑景观环境不仅为学生创造了优美的体育锻炼环境，同时也反映着一定时期校园文化价值观念，起着校园名片的作用，能够激发学生的自豪感和归属感，使学生心情愉悦地接受体育教育，从而调动起学生主动参与体育活动的欲望，促进其积极情感体验的产生，对学生情感的陶冶、人格的塑造、人生观和价值观的形成起到积极的促进作用，实现体育教育促进学生心理健康发展的目标。

3. 提高社会适应能力

体育建筑景观环境是校园整个功能中不可或缺的重要组成部分，它的功能不仅仅是为体育健身活动服务，也是学生放松身心、与人交往的空间场所之一，各类集体（院系、班级、社团）活动也在此举行。因此，体育建筑景观环境具有空间的多义性。良好的体育建筑景观环境是校园中富有吸引力的空间领域，能够吸引多种活动在此进行，同时也吸引更多的学生聚集于此，乐在其中，在参加各种活动中体验与人交往的乐趣，无形中提高了个体适应社会的能力，发挥了体育教育的社会传递作用。

（三）城市体育景观环境

城市体育景观环境，是以物质载体的形象综合反映出体育活动的文化价值和社会文化心理，同时也以一种独特的文化形式存在于社会生活之中。体育景观环境作为城市景观环境系统中的一个重要组成部分，对增加城市文化内涵，提高城市竞争力，彰显城市活力具有重要作用。现代城市体育景观环境是城市文化的结晶，所展现出的美好城市形象能够唤起市民的荣誉感、归属感和责任感。城市体育景观是城市对外宣传的窗口，著名赛事形象、传统体育项目成为重要的景观要素。城市体育景观主要表现在城市的公共环境、公共活动和活动中的人这 3 个方面，常坐落于城市街区中、广场上和公路两旁。图 2－11 为位于西宁至青海湖路段公路旁的环湖赛主题雕塑，赛道中类似的景观也非常丰富，反映出环青海湖自行车赛在青海人民心中的地位。而青海多巴高原体育训练基地中的环湖赛吉祥物——藏羚羊（图 2－12），不仅是赛事的象征，更为入住训练基地的参赛者和参观者营造了浓郁的赛事氛围，并起到宣传赛事文化和地域文化的作用，预示着环湖赛立足青海，走向全国的寓意。图 2－13 则取材于生活，以“晨曲暮歌”表达出人们愉快工作、幸福生活这样一种心境，并体现出自行车作为日常出行和运动工具的重要性。

图 2－11　环湖赛主题雕塑

图 2－12　环湖赛吉祥物——藏羚羊

图2－13　晨曲暮歌（沈阳）

城市的发展带动了体育景观创作素材的进一步丰富，加快了城市体育景观环境的建设，这也是促进城市和地域体育文化发展，促进人的精神升华和人格健全发展，提高市民的文明意识、道德水平、价值观念，及构建和谐社会的必然要求。体育景观丰富和美化了城市空间和景观环境，为人们营造了舒适、愉快和生活和工作环境，并丰富着城市的物质生活和精神生活内涵。

【案例】

体育赛事带动城市体育景观发展——大荔国际马拉松

大荔城市体育景观因大荔国际马拉松的举办而兴起，其布局紧紧围绕马拉松赛道设计，日常则成为城市亮丽的风景线。

一、赛事概况

大荔国际马拉松于2016年开始举行，其主题为“丝绸之路·美丽大荔”，突出了乡村赛道、水果马拉松等地域特色，目前已获得中国田径协会“铜牌赛事”和“最美赛道”的殊荣，在赛事规模、规格、赛道、服务保障等多方面均得到了大幅提升。优质的赛事服务、特色水果和小吃补给、优美的乡村风光赛道等，无不给参赛者留下了深刻的印象。赛事设全程马拉松、6公里健康跑2个项目，赛事规模15 000人。

二、赛事起点

图2－14　五谷丰登

赛事以同州湖景区为起点。同州湖景区占地面积4平方公里，为国家AAAA级旅游景点。景区修建了造型独特的中国红景区大门；装饰美化了宽阔平坦的同州桥；开挖了以同州湖为核心的日月湖、聚星湖千亩水面；修建了具有欧式风情的迪斯尼儿童乐园；建造了大气美观的康宁桥、福寿桥及用于防洪泄洪的两座橡胶坝；塑造了五谷丰登（图2－14）等具有大荔特色的1008雕塑；打造了以丰庆广场为标志，蕴含农业大县国泰民安的大小8个广场；值得一提的是，为了给市民休闲观景提供最大的方便，同州湖核心区3条道路系统颇具特色和人性化地为市民设置了3条道路：1条是供游人游览同州湖的电瓶车道；1条是集旅游和健身于一体的10公里的环湖自行车赛道；1条是可使游人休闲漫步的步行道。3条道路各具特色，风格迥异，可使游人尽情享受同州湖的美景。3条道路周边，体育雕塑（图2－15、图2－16）、标识导视（图2－17）及休闲设施（图2－18）齐全。起点设在同州湖景区，从一开始便将人们引入了地域文化、民俗、休闲的体验中，可谓匠心独到。

图2－15　动感单车

图2－16　奔跑

(1)

(2)

图2－17　健身步道标识

(1)

(2)

图2－18　休闲设施

三、线路设计

马拉松凸显大荔历史人文特色和瓜果产业优势，线路串联大荔最具人文历史古迹及自然景观景点，途经特色大棚种植区，全面展示大荔乡村建设成果，比赛中提供分段打造水果赛段（图2－19）和特产瓜果补给驿站，并配套“水果服务团”、赛后休憩民宿优惠、福佑礼袋等特色服务，带给参赛者别样的“大荔瓜果”跑步体验，地域特色彰显其中。

图2－19　水果之乡

四、对城市发展的影响

大荔国际马拉松的举办，提升了大荔县的影响力，提高了地域文化自信。大荔人民对马拉松表现出了前所未有的热情，许多人清晨不到5点就等候在赛道旁观看这一在家门口举行的国际赛事，这一乡村马拉松也让守家在地的大荔人与国际有了首次接轨。比赛期间，大荔人潮涌动、车水马龙。据相关部门统计，比赛期间，大西高铁站专门加开专列接送旅客，县城内宾馆、旅社爆满，社会消费增加。赛事期间，同州湖、丰图义仓、福佑古寨、黄河湿地、沙苑景区等旅游景点接待游客骤增，实现旅游综合收入的大幅提高。

借助赛事举办，一系列与赛事相关的体育景观应运而生。图2－20是大荔马拉松的吉祥物——“荔荔”雕塑，采用了大荔的第二个字“荔”，叫“荔荔”，更亲切。它的原型是陕西大荔特产“1008”里的其中一个0，大荔的特产是“108”，随后增加了一个0，这个“0”就是大荔现在的特产冬枣。造型方面，采用卡通娃娃的变形，并设计成一个奔跑的马拉松运动员的形象，符合了赛事的项目特点。这组雕塑放于2016年首届大荔国际马拉松赛事的起点，现命名为“起点广场”。赛事的举办，使城市增加了新兴景观，推动了体育景观在不同类型和层次城市中的发展，也是城市发展的新的引爆点。赛道沿途亦有多组体育景观（图2－21～图2－23)，成为城市宣传新的代言符号。而赛事景观既是赛事遗产，也以体育表达了城市发展的勃勃生机。

图2－20　大荔国际马拉松吉祥物雕塑

图2－21　纪念雕塑

图2－22　欢庆赛事

图2－23　健身轮滑

问　题

1. 整体赛事设计考虑了哪些因素?
2. 赛事体育景观对大荔县的发展有什么影响?

思考与讨论

1. 体育景观环境的基本功能。
2. 体育景观环境的建设原则。
3. 试述主题性原则在体育赛事景观中如何表达。
4. 体育景观环境的分类方式及其包括的具体类型。
5. 试述学校体育景观环境对教育效果的影响。

第三章 构成体育景观环境的基本要素

【内容提要】通过本章的学习，了解体育景观环境的自然要素，理解体育景观环境的色彩要素和人工要素。

体育景观环境是景观环境范畴的一个分支。体育景观环境的构成要素包含了自然景观环境和人文景观环境等景观环境范畴的基本构成要素。同时，展现出体育运动的元素特征，使体育景观环境表现出了独特而持久的魅力。

第一节 体育景观环境基本要素概述

要素，是构成事物必不可少的因素，是具有共同特性和关系的一组现象。要素是组成系统的基本单元，具有层次性，同一要素相对它所在的系统是要素，相对于组成它的要素则是系统。要素在系统中既相互独立，又按比例联系成一定的结构，并在很大程度上决定系统的性质。同一要素在不同系统中，其性质、地位和作用有所不同。系统中一个要素与其他要素差异过大，便会自行脱离或被清除。体育景观环境要素，是构成体育景观环境系统的基本单位。

一、色彩景观要素

景观，具有空间环境和视觉特征的双重属性。因此，景观离不开色彩的装饰，景观色彩可分为自然色彩和人工色彩，如图 3－1 所示。

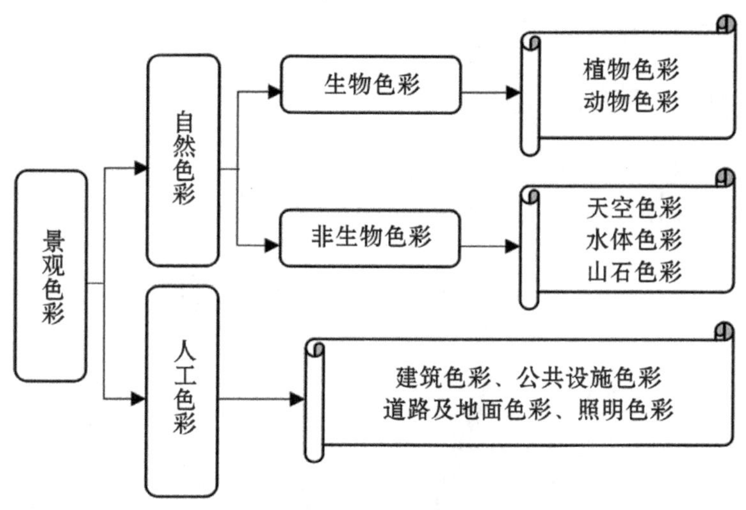

图 3－1　色彩景观要素

自然色彩主要指花草树木、绿地、山石、溪流等，其随着大自然的变化表现出万紫千红。人工色彩主要指建筑、雕塑、道路、广场等，其赋予了体育景观丰富的内涵。就体育景观而言，其内容更加丰富，增添了器材设施、运动服饰等色彩，丰富的色彩构成了五彩斑斓的体育景观色彩环境。

（一）色彩的分类

体育景观色彩根据其性质的不同，可分为固定色彩、流动色彩和临时色彩。

1. 固定色彩

固定色彩是指在一定时期内各种稳定元素所组成的色彩，如体育场馆、场馆区域道路、广场、草坪、体育雕塑、体育器械等。

2. 流动色彩

流动色彩通常是指运动员、裁判员、健身者的服饰等。

3. 临时色彩

临时色彩是指灯光、广告、标识牌等元素组成的色彩。

自然色彩和人工色彩相互依存，固定色彩是体育景观色彩的主体，流动色彩和临时色彩则是其中的活跃元素。

（二）色彩环境的构成

体育景观色彩，包括体育场馆内部相关色彩和外部环境色彩，它们共同构成了体育景观色彩环境，影响着置身其中的人们的生理和心理状态，如图 3 –2 所示。

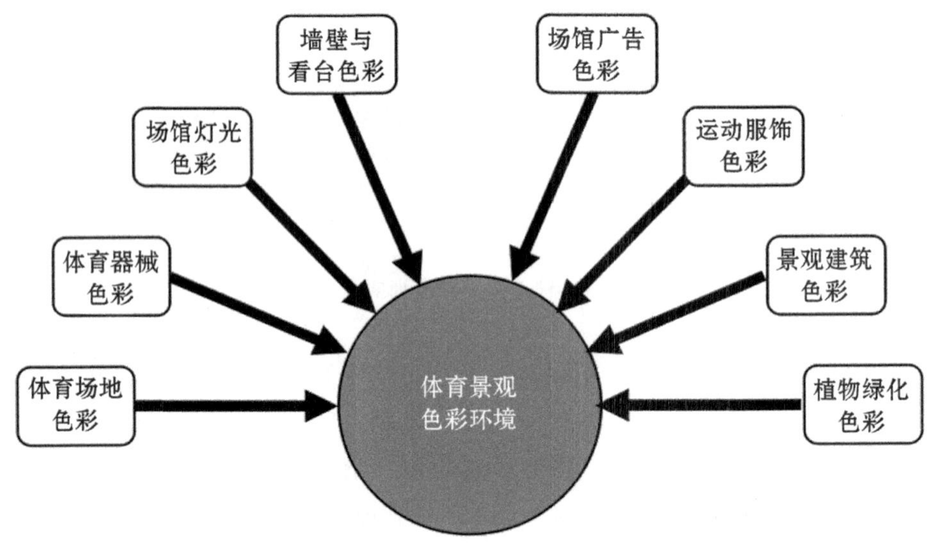

图 3 –2　体育景观色彩

1. 体育场地色彩

体育场地颜色（如球场、跑道、跳台等的颜色），是体育运动中直接与运动人体发生联系的色彩来源，可直接刺激运动人体的感觉器官，并可在心理和生理上

产生反应。

2. 体育器械色彩

体育场馆内的器材设施颜色（如篮球架、乒乓球台、体操器械等的颜色）是运动人体直接接触的色彩，视觉冲击更为强烈。

3. 体育场馆灯光色彩

随着科学技术的进步，通过灯光、新型材料等技术手段，体育场馆自身可以不断变换自己的色彩，通过自身色彩的变化营造出不同的氛围，同时也通过灯光色彩的变化赋予体育场馆景观不同的意蕴。

4. 体育场馆墙壁与看台色彩

看台色彩具有固定性和长久性，属于固定色彩，需从长远规划。由于体育场馆面向不同群体，应注重色彩所具有的生理和心理效应，同时突出体育的特点。墙壁色彩仿佛体育场馆的背景，不同的背景营造不同的氛围，具有较大的选择空间。根据体育场馆类型的不同，选择墙壁色彩时，还应考虑不同运动项目的特殊要求。

5. 体育场馆广告色彩

我国由计划经济向市场经济的转轨，使体育场馆产生的社会效益和经济效益越来越被重视，公益广告和商业广告不仅产生着各自的价值，同时也形成了一道独特的人文景观，以不同的颜色，间接刺激运动人体，使之产生强烈的心理感受和情绪反应。广告色彩属于临时色彩，具有短时性和易变性，尤其对于承担比赛的场馆，更是随比赛开始而出现，随赛事结束而消失。广告形成的色彩环境虽短暂而多变，但其对运动者和观众的影响、对其他景观的衬托作用及对自身景观形象的影响是不容忽视的。广告色彩不仅应与体育场馆色彩协调，同时要充分考虑人的视觉和心理感受。

6. 运动服饰色彩

运动服饰色彩属于流动色彩，运动中跳跃的身影，使服饰色彩充满体育场馆的各个角落，点缀着体育场馆的景观环境。

7. 体育景观建筑色彩

体育景观建筑色彩具有长久性，属于固定色彩，也是景观环境中需要突出的色彩。运用好色彩对景观建筑的意义表达具有很大帮助。例如，游泳馆外立面选择蓝色，与池水呼应，使建筑功能具有自明性。

8. 植物绿化色彩

植物绿化色彩随着季节、天气的变化呈现出五彩缤纷。植物配置得当，不仅一年四季都会为体育场馆营造一种生机盎然的景观环境，为运动者提供舒适的体育锻炼环境，还能将植物的寓意与体育精神的表达紧密结合。

二、体育景观环境要素

体育景观环境要素，是由各类自然景观资源和人文景观资源所组成的，自然景观环境和人工景观环境包括不同的景观要素，如图 3－3 所示。

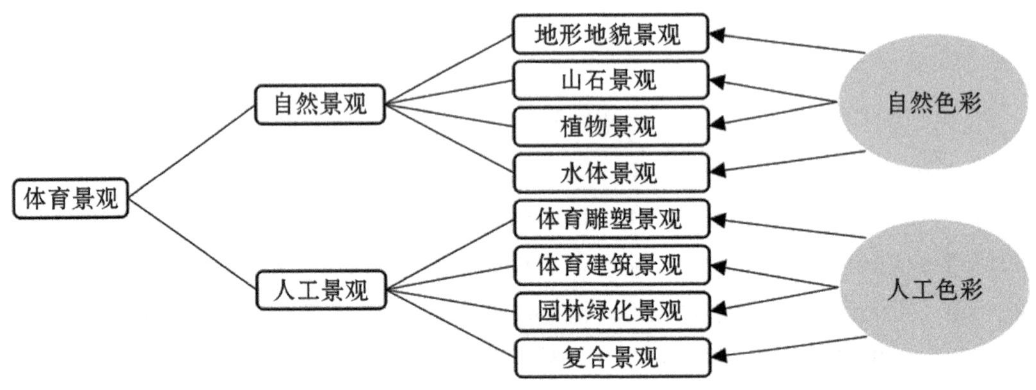

图 3－3　体育景观环境要素

第二节　体育景观环境的自然要素

体育景观环境的自然要素，是由自然地理环境要素构成的，其构成要素包括地形、植被、水体及气候等，在形式上则表现为高山、平原、丘陵、峡谷、江海、湖泊等。自然景观综合体现了自然的地域性，不同地理类型的自然景观呈现出不同的地理特点，如雄伟、险峻、秀丽、幽雅等。自然景观环境要素是构成体育景观环境的基础要素，亦是体育景观环境建设时应善加利用和妥善保护的资源。

一、地形地貌景观要素

地形地貌是景观规划和设计的必然依托和存在的依据，地形起伏构成自然景观的基本骨架。景观设计的地形考察要对其所处的地理位置、面积，所需用地的具体地形特点，地表起伏变化的状况、走向、坡度、裸露岩层的分布情况等进行全面了解。地理位置对景观规划与设计极其重要，是处于南方还是北方，城市中心还是郊区，以及地理资源等都是景观设计时需要考虑的重要因素。面积大小也会直接影响规划与布局，如大面积的景观可以采用人工景观和自然景观相结合的形式，利用天然的地形和植物等优势进行设计。小面积的环境则可以规划得小巧、精致，运用空间变化和层次来实现丰富的景观视觉效果。

图 3 -4 是德国慕尼黑奥林匹克公园内结合原有地形地貌，将周围的山体、湖泊、树林与草坪有机地融为一体，形成湖光山色浑然天成、优美而奇特的自然景观与人工景观的有机结合体。德国慕尼黑奥林匹克公园建成至今，历经岁月的洗礼，由于其交通便利，环境优美，活动空间多样，仍吸引着无数市民来此健身及休闲度假。地形是自然景观的基本构成，不同的地形变化不仅形成了不同的自然景观特征和意境，同时也对人的心境产生不同的影响。例如，站在地势较高的山坡上远眺，开阔的视野能使人心情舒畅；漫步在平缓的林间小道会产生悠然闲适

之感。在不同的地形地貌景观中运动，将会产生迥异的心理体验。自然景观的地形大致可分为平地、坡地、山地3类。

图3－4　德国慕尼黑奥林匹克公园地形地貌

平地是指较为开敞的地形，视野开阔，通风条件良好，适合人群的集体活动和休息，方便人流疏散，是群体性健身和表演的好去处。

坡地指有一定坡度的地形，斜坡可以消除视景中的幽闭感，从而丰富景观中的层次。坡地不仅通风好，而且自然采光和日照时间长，气候容易调节，有利于排除雨雪积水，有比平地便利之处。此外，坡地也增加了体育锻炼的强度。

山地是指其斜度一般在50°，由于山地的空间变化形成的自然景观，具有较强的观赏性。丰富的地形变化增添了健身的趣味性。

二、山石景观要素

山石是不可或缺的景观要素，起着十分重要的构景作用。山石景观以山石为

材料，主要以观赏为主，结合一些功能方面的作用，做独立性或附属性的造景布置。置石作为艺术造景，供人们观赏游憩。现代社会，人们回归自然的想法日益强烈，而由于条件限制不能完全实现，故在城市绿地中叠山置石，通过艺术加工，营造山林景色，供人们观赏、游憩，满足需求。

置石在体育景观空间组合中起着重要的分隔、穿插、连接、导向及扩张空间的作用。例如，置石分隔水面空间，既不一览无余，又可丰富水面景观；置石还可隔离视线，组织空间，增加景深和层次（图3－5）；石材的纹理、轮廓、造型、色彩、意韵等在环境中可起到点睛作用。

图3－5　草坪石

在体育景观环境中，常见的山石景观表现方法有：标识石、驳岸、挡土墙、踏步、石刻、护坡、花台等，既造景又兼具实用功能；也可以作为室外自然式的设施，如石桌、石凳、石栏或掏空形成种植容器、蓄水器等，既具有较高的实用价值，又可结合造景，使环境充满自然气息。

三、植物景观要素

植物景观主要是指由自然界的植被、植物群落和植物个体所表现的形象，也包括人工运用植物为要素来创作的景观。植物也像建筑和山水一样，具有构成空间、分隔空间和引起空间变化的功能。例如，可将枝繁叶茂的高大乔木视为单体建筑，而不同的攀缘植物附着于棚架及屋顶，或将绿篱整形修剪后颇似墙体，平坦整齐的草坪铺展于地面，亦形成了不同的空间。

（一）植物景观要素特征

植物景观的基本要素包括颜色、大小、形态、线条、质地和比例尺度等。这些基本要素的特征，是一个相互联系、交互作用的整体，其在景观中的表述与创作手法、创作原则要求密不可分。

1. 植物颜色

在植物的要素特征中，颜色是植物十分重要的标识之一。颜色可以改变真实物体的三维视觉大小，对视线起到引导作用。亮色调如红色、黄色、橘红色，使物体显得更为突出，在视觉上趋近。冷色调如绿色、蓝色和紫色，让物体视觉上趋远。灰色、黑色与白色属中性色彩，适宜做亮色调的背景底色。白色则是最富功能性的色调，在不同的环境中表现不同：在全光条件时，灿烂而清新；在光度很低时，则具有神秘感。深色调低沉富有情感，而灰色比较轻松柔和。颜色可以用来引导人们的视线到一个特定区域，冷色调中的亮色调很容易吸引人们的眼球。如果要增加景观深度，可以用质地细致亮色调的物体做黑色和质地粗糙物体的背景。对于暖色调，必须按照一定的顺序使用，色调必须依次平和渐变。例如，从红色到橘红色再到黄色。植物颜色必须跟其他要素特征一起来表达。植物颜色亦可形成不同的植物形状和形态。

2. 植物大小

植物大小即植物三维所占据的大小，是植物要素特征中最直接、最现实的空间特征。它直接关系着景观空间的划分。植物大小是一个具有变化的要素，在进行植物设计时，必须动态地考虑植物成熟时的大小和植物初植时的大小。

植物成熟时的大小是植物配置过程中进行空间效果布局设计的主要依据，涉及植物品种选择与配置问题。在植物景观配置设计中，主要从植物的幅度和高度方面来衡量植物的大小，对植物的干径考虑较少。

植物初植时的大小是关系即时效果要求、经济性及植物本身特性的设计问题。理想状态下，植物初植时的大小最好与植物成熟时的大小接近，这样能最大限度地满足即时效果的要求，但现实中这类植物凤毛麟角。在体育景观环境中，还要考虑植物根系的大小和发达程度，过大则会随着植物的生长而对场地造成一定的变形影响。

3. 植物形状与形态

植物形状会形成更为丰富的景观效果，柔化建筑物和地形地貌的单调，带来接近自然的形态。当重复使用同一形状时，一种要素秩序被重点导入该景观中，

亦可以说是一种秩序的创立。然而，度的把握时时存在，如果过度使用，重复就会变为单调无趣，并显得刻意化。在自然生长的基础上，植物的形状还可通过修剪和依托植物色彩组合而达到目的。通常形状越特别的植物，越可考虑作为一个孤植而不是群植要素来使用，且背景越平淡，其特点衬托得越突出。围绕健身设施的植物形状（图 3－6），或自然或修饰，协调配置下即可达到提升健身环境品质和营造愉悦心境的双重效果。

图 3－6　植物的形状（西安金地湖城大境小区）

4. 线　条

线条是一种植物景观配置的组织手法。直线表现强烈的方向性和运动性，因而常用竖直或水平线状的植物群植来引导人们的视线到一个优美的景致点，而避开有碍观瞻的景致点。曲线使景观带有更多自然、温和、飘逸的效果。不规则直线则会使植物景观显得动态十足。

5. 质　地

质地是植物外在所具有的粗糙或精细表象和整体气质的综合，是植物大小、表面视觉、叶枝形态等的综合表现。从远处看，它是植物的整体视觉效果，光与影的效果是质地的重要组成部分。

植物个体或群体是上述各个要素特征的综合，在进行植物元素设计取舍时，很难面面俱到，应根据体育的需求和功能设计需要，首先确定所选元素的要素特征的优先顺序。例如，在开阔地用于遮阴的孤植木，优先考虑形态与大小，其次考虑颜色或其他要素特征。

（二）植物种类

植物是具有一定形态、大小、色彩与质地的生命有机体，其观赏特征多种多样。首先，植物随着季节变迁和生长变化而不断地改变着色彩、质地、叶丛疏密等。植物的另一特点是能改善环境，为人们带来自然、舒畅的感觉，尤其是在建筑密集的环境中，这一特点更为突显。植物的动态变化特征具有重要作用，能否将植物的非视觉功能和视觉功能相统一，是决定景观规划设计合理与否的关键因素之一。植物的非视觉功能即是生态功能，指植被改善气候、保持土壤、净化空气、保护物种等功能，在体育景观中多指提升空气环境品质的功能；视觉功能指植物在审美上的功能，如植物的色彩、花果、形态等是否使人心旷神怡等。图 3－7 是同州湖景区内的自然式植物构景，通过季节变化，丰富的树木和大片的草地不但美化保护了山体，而且在视觉上使山体显得高大，强化了景观的线性要素和空间界定，装饰美化了空间。

图 3－7 植物构景

植物是表达地域性自然景观的指示性要素，也是反映景观类型的代表性元素之一。植物景观是园林景观的重要组成部分，与其他景观设计要素紧密相关。在做植物景观规划设计时，一方面要考虑单纯植物的知识和技术，另一方面还要考虑体育场所要求，以便用好植物要素，达到较好的景观效果。

1. 乔 木

体育场馆区域的行道树以冠大荫浓的乔木为主（图 3－8），能起到夏季遮阴、冬季透光的作用，且树冠、株形整齐，易栽种和成活，便于养护。在运动场地周边应选择根系不宜过大的树种，或对根系的生长进行隔离处理，以避免对运动场

地基础和面层的影响。

2. 灌　木

灌木（图3－9）多用于体育场地功能区分界、人行道绿化带，可遮挡视线、减弱噪声、降低干扰。灌木要求枝叶丰满、株形完美，花期长，耐修剪；容易繁殖，易于维护。

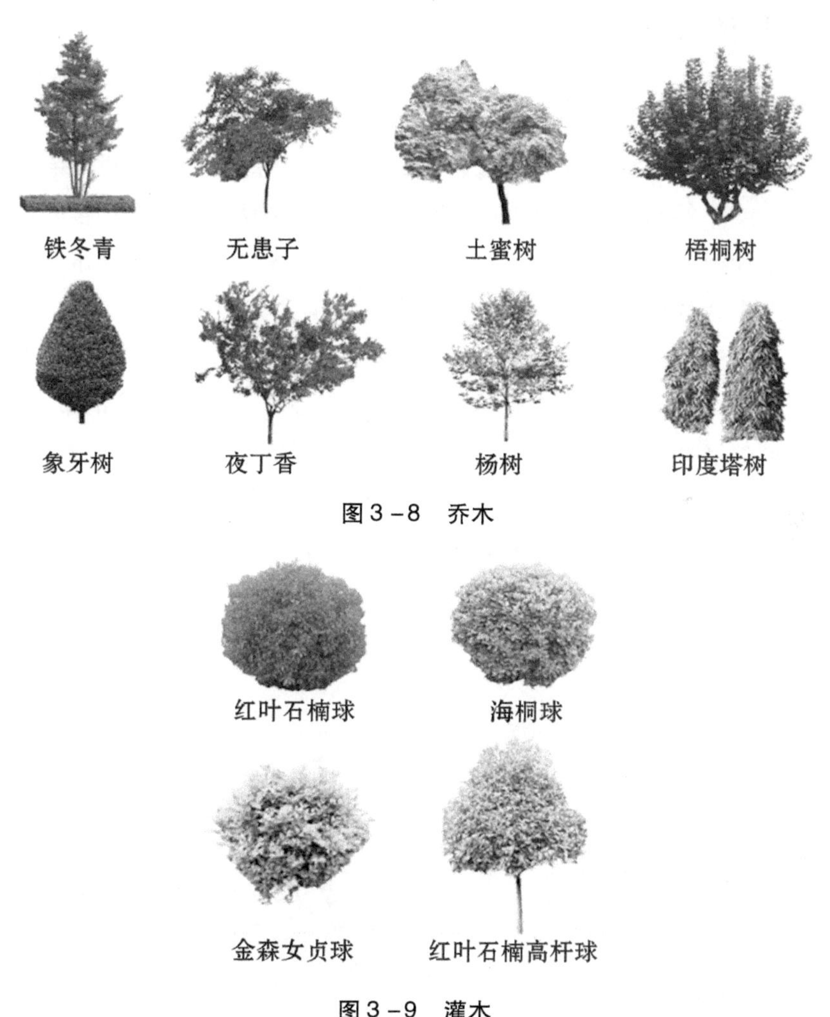

图3－8　乔木

图3－9　灌木

3. 地被植物

地被植物主要是为了保护生态环境，同时兼有美化作用。草种应选择适应性强、耐践踏的品种。此外，当选择低矮花灌木做地被植物（如棣棠等）时，应尽可能选择能自行扩散繁殖、适宜在大面积地面种植的品种，如马蹄莲等。

四、水体景观要素

水是自然环境的重要组成部分，也是自然界最为活跃的要素。根据水体景观特点和不同性质，可把水景分为河流、湖泊、海洋、泉水、瀑布5大类型。水的形态多种多样，或平缓或跌宕、或喧闹或静谧，而且潺潺水声和色彩斑斓的倒影，也带给人听觉和视觉的不同体会。合理利用自然水体，巧妙设计静水和动水水景，不仅能够保护生态环境，同时也使景观类型更加丰富多样。

水通过减少空气中的尘埃，增加空气湿度，降低空气温度，达到改善微环境的作用。任何形式的水体，都会使人在生理上和心理上产生制冷的效果。作为体育建筑外环境的基面之一，有着其他景观无法替代的动感和光韵。水面能够有效分隔空间，是外环境景观形成的不可忽视的重要组成部分。一方面，它可以改善小范围的气候状况，调节温度和湿度；另一方面，又可以活跃空间氛围，增添空间情趣。图3－10是北京奥林匹克公园内的龙形水系，碧水蓝天，树影婆娑，托起银色鸟巢。水中倒影使景观得以延伸，视觉更加饱满。

图3－10　碧波荡漾

水景设计已是体育景观环境中不可或缺的一部分。自然界的水体有静态和动态两种形态。静态的水给人心理上宁静和舒坦之感；动态的水创造出一种热闹和引人入胜的环境气氛。不同形态的水给人产生不同的视感。根据体育景观环境中水的形态特征，可分为静水、流水、喷泉、落水。静水的设计是关于水体、周围环境和水体池岸三者的设计。流水是一种以动态水流为观赏对象的水景，除了控制水量、水深、水宽的大小来设计流水的效果外，还可以通过水渠的形状和在水渠中设置主景石来引起景致的变化。近年来，随着娱乐业和旅游业的发展，越来越多的亲水喷泉应运而生，可以使人参与其中，提升环境的亲和力。

（一）池　水

池水是城市体育空间中常用的静态水景形式，一般以水池的形式出现，根据规模的大小，可分为点式、面式和线式 3 种形式。

1. 点式水池

点式水池指较小规模的池水面，在整个环境中起到点景的作用，丰富、活跃环境气氛。

2. 面式水池

面式水池指规模较大的水域，在整个体育空间环境中能起控制周边环境景观的作用。面式水池在体育景观中应用极为广泛，其水面可与其他环境设施小品如曲桥、亭榭等结合。同时，池内配置山石、雕塑、水草、游鱼等，来增添水池生机，成为观赏景观。

3. 线式水池

线式水池指细长的水面，具有一定的方向感和深度感。为避免水平面平坦而单调，可使水池深度有高差变化，并与石块、雕塑等设施结合起来。

无论池水的形式如何，设计首先考虑其基本功能要求，如为戏水之用，池底要加防滑处理，其次要考虑水池的防渗、防冻及结构问题。如有池底设备的话，还需处理好池底的各种管线的进出、连接关系。

（二）流　水

流水在体育景观中应用较为广泛，以线的形态构成流动的水景环境，常有溪流、渠流等形态。体育空间中的流水，一般坡势应根据地势及排水条件而定。设计时应先明确其功能，进行水底、堤岸、水量、流速的调整。

（三）喷　水

喷水包括喷泉和涌泉，以其独特的动感水体形态，广泛应用于体育景观环境中。在体育景观环境中，喷泉主要以人工喷泉的形式出现，借用动力泵驱动水源喷出，结合灯光照明设计，以及音乐、声、色、形集一体，创造出不同的喷泉形态，成为环境中的视觉焦点。根据其形态特征，可分为四类：单射流喷泉、喷雾式泉、充气泉、造型式泉等。涌泉是水体自地下向上满溢，将水面激起层层细微的波纹。涌泉的形态和流量均不大，可使环境更加清幽静谧。

（四）落　水

落水是利用水位高差，靠人工组织、机械传动或自然跌落，使水从高处跌落下来，形成水幕，产生动感，给人以视觉和听觉上的刺激。一般有 3 种形式：自由落瀑布、叠落瀑布、滑落瀑布。

1. 自由落瀑布

自由落瀑布，其水流不间断地从一个高度落到另一高度。其特性取决于水的流量、流速、高差及瀑布边口的情况。

2. 叠落瀑布

叠落瀑布指在瀑布的高低层中添加一些障碍物或平面，使瀑布产生短暂的停留和间隔的瀑布类型。叠落瀑布产生的光声效果，比一般瀑布更丰富多变，可以创造出更丰富多彩的观赏效果。

3. 滑落瀑布

滑落瀑布指水沿着一斜坡流下，类似于流水，差别在于较少的水滚动在较陡的斜坡上。滑落瀑布比自由落瀑布和叠落瀑布更趋于平静和缓。

（五）水体设计的基本原则

水体的动态以及多变的造型和体育建筑的刚性线条的对比给周围环境增加了活力和美感，尤其是现代水体与灯光、音响、雕塑相结合，更为环境增添了丰富多彩的景观元素。图 3－11 是南京市重竞技运动学校内一景，选择空手道和柔道为雕塑元素，与喷水、灯光、卵石铺砌结合，既体现了项目特点，又使景致简洁而流畅。

图 3－11　喷水与雕塑

水体景观设计的基本原则主要有 3 点。

1. 满足功能性要求

水体景观的基本功能是其观赏性，能够给人带来美感，使人赏心悦目，故设计首先要满足艺术美感。水景在体育环境中的应用，不仅要满足观赏要求，还需要给人亲水、戏水的感受。因此，设计中出现了各种戏水旱喷泉、涉水小溪、儿童戏水池等，使景观水体与戏水娱乐、健身水体合为一体，丰富了景观的使用功能。

2. 符合环境的整体性要求

水体景观是工程技术与艺术设计结合的产品，它可以是一个独立的作品。但优秀的水景作品，应根据它所处的场馆环境氛围、体育功能要求进行设计，并和整体体育环境风格协调统一。

3. 考虑运行的经济性

在水体设计中，不仅要考虑景观效果，同时也要考虑系统运行的经济性。不同的景观水体、不同的造型、不同的水势，所需提供的能量不同，运行经济性也不同。通过优化组合与搭配、动与静结合、按功能分组等措施都可以降低运行费用。例如，按功能分组设计，分组运行就可以节省运行费用。平时开一些简单功能以达到必要的景观目的，运行费用很少；节假日或有庆祝活动时，再分组开动其他造景功能，这样可以实现一定的运行经济性。

第三节　体育景观环境的人工要素

人文景观由各种元素组合形成，一般包括以下几个方面：体育雕塑景观、体育建筑景观、园林绿化景观和复合景观等。艺术而科学地应用景观元素，能够实现功能性与观赏性的统一，并充分体现体育景观的文化内涵。

一、体育雕塑景观要素

体育场馆区域中，从构成要素的角度分析，体育雕塑与体育建筑、植物水体、装饰物等均是构成体育景观环境的要素，与周围环境共同形成一个完整的视觉形象。体育雕塑按使用功能可分为纪念性、主题性、功能性与装饰性雕塑。雕塑应配合体育场馆区域的建筑、道路、绿化等而设置，起到丰富景观环境的作用。同时，应协调雕塑与周围环境的关系，恰当地确定雕塑的材质、色彩、尺度、题材和位置，显示其整体美和协调美。体育雕塑景观对体育场馆的功能具有画龙点睛的作用。

图3－12为正定国家乒乓球训练基地内的世界乒乓球锦标赛7座冠军奖杯雕塑，昭示着我国乒乓球运动的辉煌，显示了乒乓球训练基地与奖杯雕塑的完美结合，不仅点明了训练基地的主要功能，激励运动员努力拼搏，同时美化了体育训练基地环境，将使用功能与观赏价值融为一体。

图3－12　正定国家乒乓球训练基地雕塑

二、体育建筑景观要素

体育建筑景观要素，是体育景观环境诸多要素中的一项重要要素。体育建筑景观形式除体育场馆外，主要有亭、廊、花架、水榭、桥、景观围墙、地面铺装等，通过建筑形式与周围环境的融合，创造出具有丰富内涵的艺术空间和人文意蕴。体育场馆在建筑师的创作中，越来越成为一种最恢宏大气的体育建筑景观。体育建筑景观的建设元素十分丰富。

（一）亭

亭子常设在植物景观中，起到“点景”的作用，属于体育场馆文化与休闲设施。置身亭中，观体育文化及来往锻炼者，感受八面来风，享大自然之清新，既有利于体验天人合一的协调，也在无形中接受了体育锻炼的熏陶。

（二）廊

廊与廊式花架是常见的体育场馆建筑景观，廊中的体育文化装饰，给人们以精神力量，展示着体育文化的功能。而廊式花架中的植物花卉以其自身的造型攀附于廊式建筑上，既可联系场地空间，又可作为跑道等日常锻炼之所的一处景观，兼具实用和观赏功能（图3－13）。

（1）

（2）

图3－13　廊式花架下的塑胶跑道（犀浦训练基地）

（三）桥

体育景观中的桥，可以联系水路风景，组织行进路线，引导观赏视线，增加水面层次，兼有交通和艺术欣赏的双重作用，但更注重其美化功能。

（四）墙

景观墙是将体育场馆空间区域进行分割的一种围墙，具有划分区域和造景的作用。在体育景观环境的布局和空间处理中，合理应用景观围墙，可以构成灵活多变的空间关系。景观围墙主要包括竹木景观围墙、水泥及砖石景观围墙和植物景观围墙3种类型，以产生不同的装饰和使用效果（图3－14、图3－15）。在设计景观围墙时，应注意以下几点。

（1）景观围墙首先是以有利于体育运动的开展，不影响体育竞赛规则为前提。

（2）景观围墙本身是景致的组成部分，在作为设计元素时，应尽量利用空间办法和自然材料，以达到隔而不分的目的。

（3）注重景观围墙的通透性，以便人们置身其间能够观赏到尽可能多的景色。

（4）观赏价值和使用功能并重，空间分隔与景色渗透相联系。

图3－14　景观墙（1）

（景观墙之北京大学邱德拔体育馆前庭广场）

图3－15　景观墙（2）

（五）地面铺装

地面铺装景观，主要是指体育场馆前厅广场、道路、活动场地等所用各种材料进行的地面铺砌装饰，可分为硬质铺装和软质铺装。硬质铺装主要是以大理石、透水砖、塑胶、沥青、木材等为材料进行的地面景观设计；软质铺装主要以草坪、

灌木为材料的铺装形式。体育场馆区域的地面铺装既要满足审美需要，充分考虑铺装的质地、色彩和形式，同时也要满足体育活动时的安全要求。图 3－16 是多巴体育训练基地内的体育馆前庭广场，大理石铺成的开阔地面上，以五环图案点缀，五环中心设计了喷泉出水口，既有美化地面的作用，又满足了庆祝活动时营造水景氛围的需要。

图 3－16　体育馆前庭广场

地面铺装主要通过质感、色彩、纹样和尺度的相互组合产生变化。体育景观环境中的地面铺装设计，还应注重安全性，并体现体育的特点。

1. 质　感

地面铺装在很大程度上依靠材料的质地给人们提供感受。铺装的质感不仅要尽量发挥素材所固有的美，还应与周围环境相协调，其美感才能真正得以表现。粗犷的花岗岩、滑润的鹅卵石、美丽的青石板都会产生不同的意蕴。在铺装选材时，可以考虑统一协调、相似调和对比调和。地面铺装应避免过分强调同质性。铺装采用相同或相似质地材料太多，会产生单调之感，这就需要在重点处点缀中间性效果的铺装材料，为弥补单调性而做的小面积的铺装。选用质感对比的方法铺地也是提高质感美的有效方法。例如，在草坪中点缀步石，草坪柔软、光泽的质感和石头坚硬、强壮的质感相对比，其不同质地的美感便会从对比中突显。

在体育景观中，大空间地面往往被用作集结、庆典、广场健身等功能，规划设计时，宜选用质地粗大、厚实且线条较为明显的材料。而在小空间则应该采用较细小、圆滑、精细的材料，细致感给人轻巧、精致、柔和的感觉。因此，大面积的铺装宜选用粗质感的铺地材料，细微处、重点之处宜选用细质感的材料。道

路铺设则注意对人流的组织和引导，以确保集结的方便和疏散的安全性。

2. 色　彩

色彩是心灵表现的一种手段，能把设计者的情感强烈地贯入人们的心灵。铺装的色彩一般是衬托主景的背景，少数情况也会成为主景，故要与周围环境色调相协调。色彩的应用应追求统一中求变化，即铺装的色彩要与整个景观相协调，用视觉上的冷暖节奏变化及轻重缓急节奏的变化，打破色彩千篇一律的沉闷感，做到稳定而不沉闷，鲜明而不俗气。具体应用中，如在活动区，尤其是儿童锻炼场所，可使用色彩鲜艳的铺装，造成活泼、明快的气氛；在安静休息区域，可采用色彩柔和素淡的铺装，营造安宁、平静的气氛。

3. 纹　样

铺装以其多种多样的形式、纹样来衬托和美化环境，活跃气氛，增加园林的景致。纹样起着装饰路面的作用，而纹样因环境和场所的不同而具有多种变化。不同的纹样给人们的心理感受也是不一样的。一些采用砖铺设成为直线或者平行线的路面具有增强地面设计效果的作用。同时，一些规则的形式会产生静态感，暗示着一个静止空间的出现，如正方形、矩形铺地。三角形和其他一些不规则图案的组合则具有很强的动感。

体育景观环境中比较常用的还有一种效仿自然的不规则铺装，如乱石纹、冰裂纹等，可以使人联想到乡间、旷野，更具有朴素自然的感觉。

4. 尺　度

铺装图案的大小对外部空间能产生一定的影响，形体较大、较开展则会使空间产生一种宽敞的尺度感；而较小、紧缩的形状，则使空间具有压缩感和私密感。由于图案尺寸大小的不同及采用了与周围不同色彩、质感的材料，还能影响空间的比例关系，可构造出与环境相协调的布局。铺装材料的尺寸也影响其使用。通常大尺寸的花岗岩、抛光砖等材料适宜大空间；而中、小尺寸的地砖和小尺寸的马赛克，更适用于一些中小型空间。

三、园林绿化景观要素

园林绿化景观是自然过程和人工修饰的综合体现，园林绿化景观源于自然，又高于自然。园林绿化植物的选择，应考虑艺术效果和功能效果。

（一）植物景观的配置方式

植物景观配置就是从植物要素的颜色、大小、质地、形态等出发，利用一定的组织编排方法，如重复、对比、对称、变化等，将其组合成与自然或人工硬质环境相融，具有一定美感，并能满足一定功能的整体植物景观画面。只有合理应用这些手法，才能把千差万别的植物个体组合成满足一定功能和审美要求的整体景观画面。植物配置还可影响地形，高的植物种植于地形最高处能加强地形坡度，相反则会削弱地形的坡度。

1. 对称、重复

对称是指在景观轴线两边采用相同的植物配置方式。对称是使景观总体保持平衡的最佳手法，利用对称还可以构造清晰的景观画面脉络。反复使用同一种元素或同一种植物景观配置方式即为重复。重复手法可以使创造的景观保持某种稳定的结构，即景观秩序。它能使景观前后相关或连贯成为一个整体。对称和重复形成了稳定平衡的景观配置（图3－17）。

图3－17　种群稳定（海口万绿园）

2. 变　化

变化是相对重复手法而言。任何元素或植物景观配置方式乃至创作手法重复过多必定会导致单调，要避免单调，则需采用变化的手法。变化包括明变与暗变。明变是指直接利用不同植物元素在某一要素特征上的差异来达到变化目的；暗变

是指利用同一植物要素特征在时间上的变化或不同植物元素的同一要素特征在时间上的差异来达到变化目的。

3. 韵律、渐变和对比

韵律、渐变和对比仍属变化手法范畴，只是变化的模式不同。节奏韵律是指按一定规律变化，要求具有韵律感，能使创作的景观活泼有趣，融入自然；渐变要求在变化时要逐渐过渡，它能使创作的景观平稳协调（图 3－18）；而对比则是变化的极端情况，是变化属性的急剧变化，用以强调特性的突出。

图 3－18　师法自然（杭州城北体育公园）

植物景观配置要达到一定要求，满足一定的原则，如简单原则、统一与协调原则、平衡原则、重点变化原则、比例与尺度原则，更重要的是满足功能性原则。植物配置的艺术性创造极为细腻和复杂，应借鉴绘画原理及文学意境的运用，巧妙充分地利用植物的形体、线条、色彩、质地进行构图，通过植物的季相变化形成鲜活的动态图画，体现出诗情画意的境界。

体育锻炼具有持续性，人们长期、频繁地在体育场馆景观环境中进行休闲健身，无疑对体育场馆景观环境的舒适性提出了更高的要求。因此，体育场馆景观环境营建时，要避免植物选择与搭配的不当。例如，有些体育场馆周边种植的杨柳在春季飘絮，诱发锻炼人群患鼻炎、过敏、呼吸道感染等疾病。有些场馆在景观环境设计中选用了带刺、有毒等的植物，如月季、刺槐、夹竹桃等，给场馆景观环境中的人群带来安全隐患，应在熟悉植物特性的前提下谨慎选择。

（二）植物配置的基本形式

植物配置形式千变万化，在不同地区、不同场所，由于不同目的及要求，可以有多种多样的组合与配置形式。根据其配置特点主要可以归纳为 3 种形式：自然式、规则式、混合式。

（1）自然式植物配置要求反映自然界植物群落之美，树种多选择树形美观奇

特的品种，以不规则式的株行距配置成各种形式，主要有孤植、丛植、群植、密林等；花卉的布置以花镜为主。

（2）规则式植物配置一般配合中轴对称的格局应用，树木配置以等距离行列式、对称式为主。一般在主体建筑物主入口和主干道路两侧采用这种配置方式。花卉布置通常体现在以图案为主要形式的花坛和花带，有时候也布置成大规模的花坛群。

（3）混合式植物配置，主要指规则式、自然式交错混合，设计强调传统的艺术手法与现代形式相结合。

植物造景通过木本植物、攀缘植物、花卉植物和草坪植物来实现。

（1）木本植物造景主要通过孤植、对植、丛植、群植和篱植等形式表达。

（2）攀缘植物既可形成丰富的立体景观，又能增加空间的绿化面积，并能在短期内达到绿化效果。攀缘植物可根据攀缘方式分为自身缠绕、依附攀缘和复式攀缘3类，造景时可从攀缘植物的生物学特性出发，因地制宜，合理选用，并与环境相协调。

（3）花卉植物种类繁多、花形多样、色彩艳丽，经常用作重点装饰和色彩构图的植物材料。花卉植物造景的基本形式有花坛、花境、花台。

（4）草坪植物造景的基本形式主要依据其用途划分，在体育景观环境中，主要表现为游憩草坪、观赏草坪、运动草坪和护坡草坪。

在体育景观环境中，植物造景或自成体系，或围绕场馆建筑主体及人工景观展开。植物构景时，以植物雕塑（绿雕）表达体育主题也非常普遍。其主要通过主题构思、钢架结构设计、色彩设计、植物的选择及搭配等，展现出充满生机的效果。图3－19是天津全运会期间位于天津奥体中心的外围景观，将我国传统吉祥要素“如意”与运动项目融合表达，是一种体育文化与传统文化相结合的表达方式。奥运会、亚运会、世界大运会等大型赛事的举办带动了我国植物雕塑造型的多样化发展。在赛事举办期间，举办地的广场、街头、场馆、公园、环岛、分车带、社区等地带，到处可见以赛事为题材的各类绿雕，不仅起到美化环境、烘托比赛气氛的作用，还宣传了“更快、更高、更强”的奥林匹克体育精神，亦成为传播地域文化的平台，也提升了城市的品位及形象。

图 3－19　植物雕塑

（三）植物配置与体育精神的表达

长久以来，植物不仅仅是观赏的对象，还成为表达情感，祈求幸福的一种载体。人们根据植物的生长习性，再加上丰富的想象赋予植物人的品格。如古人讲花卉人格化，就有了“梅兰竹菊”四君子，梅花清标韵高，竹子节格刚正，兰花幽谷品逸，菊花清逸脱俗，这使得植物景观不仅仅停留在表面效果，而是具有深层次的内涵。这些植物的内涵不仅为植物的配置提供了一个依据，也为游人提供了一个想象的空间。

坚韧不拔、迎难而上等体育精神往往也可通过植物配置达到效果。如以梅花寒霜傲雪来象征运动员不畏艰难、愈挫愈勇的精神品质。竹子节节升高比喻运动员追求进步、永无止境的积极态度。因桂树叶碧绿油润，我国古代把夺冠登科比喻成折桂，古时科举考试正处在秋季，恰逢桂花开的时候，故借喻高中状元。在体育竞技比赛中，人们常把获得第一名的称为“折桂”。常绿挺拔的松柏表达运动员充满青春活力、不畏逆境的人生追求。就连平平常常的小草也被古人赋予“野火烧不尽，春风吹又生”的顽强生命力，表达出运动员在失败中奋进，在逆境中追求，永不言弃，从头再来的坚强决心和坚定信心。拟人化的植物配置方式，寄托了人们不同境况下的体育追求及体育所具有的不可替代的教育功能。

四、复合景观环境要素

复合景观环境多指由建筑、雕塑、水体、绘画等多个景观元素构成的景观，由建筑墙体与植物、绘画或标语等构成的景观均属于复合景观。图 3－20 为体育馆外立面雕塑，将墙体与雕塑结合，装饰感极强，突出了排球的项目特点，点明了体育馆的主要功能。

图 3－20　排球馆外立面雕塑

思考与讨论

1. 体育景观色彩环境的构成。
2. 构成体育景观环境的要素。
3. 体育景观环境中，常见的山石景观表现方法。
4. 简述体育建筑景观形式。
5. 体育景观环境中，地面铺装景观指什么？
6. 简述植物配置的基本形式。
7. 如何通过植物配置表达体育精神？

第四章　体育建筑景观环境

【**内容提要**】通过本章的学习，了解体育建筑景观环境设施系统的构成，了解公共体育场馆、社区体育场馆、学校体育场馆景观环境的规划建设方法；掌握不同体育场馆常用景观要素使用方法。

体育建筑景观以其极富张扬的特性成为一座城市或一个国家万众瞩目的亮丽风景。体育建筑景观从其构成因素来看，体育、建筑、景观三者要素构成了体育建筑景观丰富的文化内涵，与城市人文、自然景观有效地融为一体，从而彰显出体育建筑景观多元的文化特质，也孕育着体育建筑景观巨大的文化教育意义，以及丰富多彩的体育建筑环境。

第一节　体育建筑景观环境概述

体育景观环境包括体育建筑本身形成的景观及其内部环境和外部环境景观，是体育建筑与其内、外景观的综合体。体育建筑本身是体育建筑景观环境系统的主体，它包容了运动员、观众、运动器材，见证了许多纪录的诞生，承载着这一空间里运动员们争金夺银的梦想，立体地展现出观众们的热情。

一、体育建筑景观环境的内涵

体育建筑景观环境，主要是在体育场馆为主体的范围内，以人工景观环境和自然景观环境为物质基础，以满足社会成员体育健身活动需求和社会发展需求为主要目的、具有一定的社会文化内涵及审美价值的空间领域的总和。在体育建筑景观环境中，又可细分为建筑景观、竞赛场地景观、植物景观、地面铺装景观和设施景观等基本类型，这些景观从不同的角度融合了不同的文化因素，也表达了体育场馆空间形态以外的文化元素，从而彰显出了体育建筑的独特魅力，由此营造出寓意丰富的体育建筑景观环境。

体育建筑景观环境作为空间环境的重要组成部分，其形式和内容的确定，受多方面因素的影响。其中，主观因素主要包括：设计者的艺术水平、文化修养、风格倾向及使用者对景观内容的要求、风格的要求等。客观因素则主要有景观所处空间的地域生态环境、历史背景、文化传统、民俗习惯及相关技术条件和经济因素等。

体育建筑景观环境设施是指体育建筑室内、室外环境中具有一定艺术美感和特定功能，为体育环境所需要的人为构筑物。环境设施是体育景观空间的重要组成部分，是决定外部空间和内部空间功能完善与否的基础。体育景观环境设施为人们在体育景观环境中的各类活动提供了使用上的便利和心理上的舒适。

体育场馆是体育建筑的代表，是满足社会成员体育需求的重要场所，是人们提高生活质量的物质保障。随着社会的进步，经济的发展，人们越来越重视与环境的和谐相处，并通过多种方式营造一个温馨、舒适的环境，以愉悦身心、陶冶情操。体育建筑景观在人们日益重视生态环境保护的今天，对于美化体育场馆环境、体现人文关怀、构建和谐的人与环境的关系及促进人的全面发展具有重要意义。

二、体育建筑与景观环境

体育建筑利用体积、形式、材料、色彩等变化可以形成自身的特点，并利用这些特点使其成为特定空间领域内具有可识别性的建筑形态。体育建筑是周边景观的主体，但在景观设计中，也可以把体育建筑作为景观中的一部分。独特的体育建筑外观，可以使景观更加丰富、更加立体，而良好的景观规划设计则可以更完美地突显出体育建筑本身的设计理念。

（一）膜结构与景观环境

膜结构是一种全新的体育建筑形式，由于其所用的材料及受力体系独特的特点——轻质、阻燃、高强度、高透光性、张拉受力、大空间、大跨度、制作简易、施工安装快捷、丰富的造型能力、独特的艺术感染力，在全世界得到飞速发展，在体育场馆、交通设施、公共设施、城市环境等许多领域中得到广泛应用。“水立方”的闻名使膜结构成为人们耳熟能详的建筑材料，其在景观设计中也被常常采用，以增加景观的时尚感。膜结构是使用高强度柔性薄膜材料经过其他材料的拉压作用所形成的、具有稳定曲面的、能承受一定外荷载的空间结构形式。膜结构丰富了体育建筑景观的造型。

膜结构以造型学、色彩学为依托，可结合自然条件和地域风情，根据创意呈现出一般传统建筑难以实现的曲线和造型。另外，值得一提的是，在阳光的照射下，由膜覆盖的建筑物内部充满自然漫射光，无强反差的着光面与阴影的区分，室内的空间视觉环境开阔和谐。夜晚，体育场馆内的灯光透过屋盖的膜照亮夜空，体育场馆的体形显现出梦幻般的效果。这种结构形式特别适用于大型体育场馆的主体及看台罩棚、入口廊道、景观小品、前厅广场等区域。

（二）体育建筑造型与景观环境

图 4－1　玲珑塔

体育建筑景观包含了建筑景观的设计元素，同时还增加了体育的标志，如奥运五环、运动会的会徽和吉祥物，都作为设计元素成为体育建筑景观画龙点睛之笔。体育建筑景观的设计，不仅要注重其观赏价值，强调与环境的相互渗透、互相融合，展现出富有内涵的艺术空间和人文意境，同时，要重视其使用价值。图 4－1 为北京奥林匹克公园中心区的最高建筑，132 米的“玲珑塔”，赛时作为多功能演播塔，是一个可以俯瞰全局的制高点。“玲珑塔”位于国家体育场“鸟巢”北侧，是 2008 年北京奥运会的电视转播设施，主体采用钢结构，外饰玻璃幕墙，演播塔结构平面形式为等边三角形，共分 7 层，首层为建筑面积 1000 平方米的大厅，2 层至 6 层为演播室，顶层塔楼为观光厅。玲珑剔透的外观在奥运五环的映衬下显得格外美丽夺目。当夜幕降临时，“玲珑塔”在彩色灯光交替映照下不停变换身姿，绚烂多彩。

三、体育建筑照明设施与景观环境

体育空间的标志性体育建筑是夜景装饰照明的重点，这对树立体育空间的夜间形象、宣传和提高其知名度有着十分显著的作用。在设计体育建筑物的夜景照明时，要分析它的性质、特征和周围的环境状况。可以用泛光灯、轮廓灯或内透光来表现整个建筑物的形态特征，配以特色灯光照明，突出其特点。

对于高大的建筑物，可采用分层布光的泛光照明表现建筑外观造型。同时，建筑物凸出凹进部分，可根据具体情况用局部照明来加强或减弱阴影，提高立体感，使造型更加丰富生动。

（一）体育建筑照明景观的建设原则

（1）综合考虑灯具的透光特性，墙面的造型、材料质感、装饰色彩等多种因素的影响。

（2）把建筑照明形式和体育建筑使用要求有机地结合起来。

（3）灯光使用应对整个环境照明和重点对象照明有所分工。考虑白天和晚上不同的艺术效果。

（4）传统的灯具艺术形式应与现代照明技术、艺术条件相适应。

（二）体育建筑照明景观的主要类型

（1）投光照明景观。它是用投光灯以不同的角度直接投射建筑物的立面，重塑建筑物的夜间景观形象。

（2）轮廓灯照明景观。它主要表现建筑物的轮廓和主要线条，常采用点光源以一定的距离连续安装，形成光带或用霓虹灯、串灯、导光管等线性灯具来勾画建筑物的轮廓线。

（3）内透光艺术照明景观。它将光源隐藏在建筑构件中，并和顶棚、墙、梁、柱等建筑构件合成一体的照明形式，这种以间接光源形式出现的照明方式，其光线扩散性好，可使整个空间照度十分均匀，能消除直接眩光，减弱反射眩光。

（4）建筑立面照明景观。研究建筑立面照明，应首先掌握建筑物的立面特点，设计时根据资料分析、模型试验或通过对已有建筑物的观察，确定合适的方案。

（三）体育建筑照明景观的设计

（1）照明面的确定。体育建筑物的照明一般以观看概率高的墙面为照明面。

（2）照度的选择。照度大小应按照体育建筑物墙壁材料的反射比和周围亮度条件来决定，相同的照度照射到不同反射比的壁面上所产生的亮度不同。为了形成某一亮度对比，在设计时还需对周围环境进行综合考虑。

（3）在进行体育建筑立面照明时，要充分利用体育建筑物或周围环境的特点，如树木、篱笆、围墙、水池等，创造良好的艺术气氛。

早、晚时段是人们在体育景观环境中活动最频繁的时段，照明设施的作用非

常重要。它不仅可以保障健身活动的安全性，还可以营造高质量的夜景景观。照明设施系统主要包括道路照明设施、广场照明设施、建筑照明设施、配景照明设施等。

四、体育场馆道路照明设施景观

良好的道路照明，不仅有利于提高道路效率，而且可以减少交通事故，保障人们的安全性。

（一）体育场馆道路照明的特点

不同的道路，对照明的要求不同，设计时，既要按照道路照明标准和规范的要求，又要与体育空间夜景照明总体规划协调一致，具体要掌握以下几点。

（1）设计时，要使路面的亮度尽量均匀，严格限制照明眩光，努力减少运动时光污染和光干扰。

（2）为满足人们对道路和谐气氛的追求，道路照明的灯光效应要与周围的环境浑然一体。

（3）所用光源灯具的造型和色彩应符合道路的特征，并体现体育的特点（图4－2）。

（4）做好道路夜景设施的维护和管理工作。

图4－2　球拍形路灯

（二）照明方式

1. 灯杆照明

灯杆照明高度在15米以下，照明器安装在灯杆顶端，沿道路按一定的间距有规律地布置灯杆。灯具悬挑长度不宜超过安装高度的1/4，灯具仰角不宜超过15°，用于一般道路照明。

2. 高杆照明

高杆照明指多个照明器安装在高度大于20米的灯杆上，进行大面积的照明，其间距一般在90～100米。这种照明方式简洁、眩光少，高杆安装在车道外，维护时不影响交通。缺点是投射到域外的光线多，利用率较低，适用于复杂道路的交叉处。

3. 悬索照明

悬索照明指照明器悬挂在道路中央的隔离带上立杆间的钢索上，适用于有中央隔离带的道路。一般立杆高度15～20米，立杆间距50～80米。这种照明方式眩光少，路面亮度、均匀度、视觉导向性好，雾天形成的光幕效应较少。适用于潮湿多雾地区。

4. 栏杆照明

栏杆照明指沿着道路走向，在两侧约1米高的地方安装照明器。这种方式照明器易受污染，维护费用高，照明距离小，适用于车道较窄处。

五、广场照明设施景观

广场是现代体育空间环境中最具公共性、最具艺术魅力，也最能反映现代城市文明的开放空间。照明作为广场不可忽视的环境要素，应根据环境特质、空间结构、地形地貌、环境设施的尺度等要素，以多样化的局部照明形成整体性的照明效果。为使广场既有充足的照度，又有丰富多彩的照明结构层次，广场照明多以高、中、低柱杆式照明和地灯照明相互配合，设计要求如下。

（一）基本照明

基本照明能基本照亮广场内的环境设施，满足人们的基本活动，起到安全照明作用。

（二）照明的艺术化

在满足基本照明的同时，还需注重灯具本身的造型、投射的方式及手法，突出灯光艺术效果，给人以美的享受。

（三）灯光环境艺术

灯光环境艺术即从总体到细部都经过精心灯光设计，并结合广场实际情况进行创新，有重点、有层次、有过渡地突出主题，在满足使用功能的前提下，给人极大的精神享受，形成完美的广场夜间灯光环境。

六、配景照明设施景观

配景照明是渲染夜间景物景色气氛的照明方式，主要有以下几类。

（一）树木、花卉等植物的照明

植物的照明方式要适应植物的姿态、叶色等，以重点突出植物的艺术形式美。树木照明根据树木的几何形状来布灯，必须与树的形体相适应。如灯光向下照射，可在地上产生树影斑驳的效果。

花坛处一般使用蘑菇状的照明器，距地高度为0.5～1米，设置在花坛的中央或侧面。

草坪的照明设计主要以灯具外型和柔和的灯光为体育空间中的绿地景观增添安全与美丽，并具有安装方便、装饰性强等特点，可用于公园、广场绿化等体育场所的绿化带的装饰性照明。白天，草坪灯可以点缀绿地风景；夜晚，草坪灯具既能提供必要的照明及生活便利，增加健身人群的安全感，又能凸显环境亮点，演绎亮丽风格。

图4－3　鸟巢形草坪灯

传统的草坪灯主要使用塑胶或五金材质，造型以现代简洁和古典经典为主。工艺草坪灯在传统草坪灯的基础上融入了工艺品的元素，造型更为丰富，其设计多以装饰为主，照明功能为辅。产品材质涵盖玻璃、铁艺、树脂、Eva、塑胶和综合材质。以花朵、动物、人物、节日主题等为主要设计元素，并与体育建筑产生呼应（图4－3）。

草坪灯功率小，主要以装饰为目的，对可移动性要求高，适用于电路铺设困难、防水要求高的场地。这些使得由太阳电池供电的草坪灯显示出许多前所未有的优势。

（二）景观雕塑的照明

景观雕塑照明是通过照明对作品的再次艺术加工，其照明应根据雕塑的性质与特征而有所区别。一般来讲，雕塑照明的投光方向应与雕塑的正面保持一定角度，才能形成适当的立体感，通常采用左前上（或下）、右前上（或下）不同方向的投光方式，并保持一个为主光，另一个为辅助光。同时，雕塑的材质对照明效果有很大的影响，需根据不同的材料确定合适的光源。图4－4的光源来自雕塑基座四个角方向的地面，周围无突出景物，雕塑显而易见地吸引了人们的视线。图4－5是吉林市松花江边的自行车雕塑，位于雕塑左前上方和右前上方的投光灯将雕塑、草坪和树木组成了一幅色彩斑斓的立体画面，共同组成夜景中的焦点环境。可见，光源布局设计的差异化，形成了不同的景观效果。

图4－4　雕塑照明（大连星海广场）

图4－5　雕塑照明（吉林市松花江边）

（三）水景照明

水景是体育景观照明的重要组成部分，其照明形式包括水面照明和水下照明两种。水面的夜景照明方法主要是利用水面造景实景和岸边树木及栏杆的照明在水面形成倒影。倒影与实景相互对照，加上倒影的动态效果，使人沉醉其中、美不胜收。对于喷泉、瀑布一般采用水下照明，将相同或不同颜色的水下灯，按一定图案排列向上照射，效果神奇，别有情趣。

水是无色透明的，由于光在水中有折射、反射、散射等方式，水景的投光照明常采用彩色滤色玻璃片形成彩色光源，利用色片的不同透射系数，使光束变化各异，来营造新型的体育水景景观。

用于水景照明的照明器需采用具有抗腐蚀作用和耐水结构，还要具有一定的抗机械冲击的能力。照明器可安装在岸边固定的物体上，如岸上无法照明时，可用浸在水下的投光照明器来照明。例如，瀑布、喷泉等动态水景，其照明器应装在水流下落处的底部。

第二节　公共体育场馆景观环境的策划

公共体育场馆是由各级政府所有的国有资产，一般是一个区域的标志性建筑，具有“地方名片”的作用。公共体育场馆通常具有较为完备的辅助设施和附属用房，以应对赛事的各种需求，局部的改变对全局而言，可以说是牵一发而动全身。其景观环境的规划实施不仅对公共体育场馆本身产生影响，同时还会影响到区域的风貌、历史、风土人情等，映照出一个城市的精神面貌。因此，公共体育场馆景观环境的规划，必须要突出地方特色，适应本地区的地形、地貌，有利于增强城市形象和吸引力，使公共体育场馆景观环境成为城市中最具公共性、富有艺术感染力、能够反映城市文明魅力的空间。

一、公共体育场馆景观环境的美学理念

公共体育场馆的功能具有多义性，人流量较大，景观规划设计时，需考虑多层次的需求，因而涉及的景观要素较为丰富。常用要素包括植物、水体、山石、雕塑、信息设施、服务设施、照明设施等。

自然景观要素是公共体育场馆景观环境中的主体，担负着营造宜人环境的任务。根据其表达方式，自然景观既可成为景观的焦点，也可成为人文景观的背景。公共体育场馆的人文景观要素设计，需在体现体育特色基础上，主要考虑地域文化特点、审美要求和功能需求，并与场馆周围自然和人文环境相协调。

追求美是人的天性，美应该是美观大方、自然质朴、简约无华的，同时，美也是具有时代特征的。人类的生产及建造活动，无时无刻不体现着人对美的追求。人们在塑造体育景观的过程中，不仅追求其功用性，同时也在孜孜不倦地追求美，这是一个两者融合的过程。体育景观的美学性不仅体现在如何设计一个建筑物，同时也体现在如何将众多的构筑物按一定原则组织起来。亚里士多德（Aristotle）曾经论述："美与不美，艺术作品与现实事物，分别就在于美的东西和艺术作品里，原来零散的因素结合成为一体。"体育景观的建设过程中，必然涉及构筑物的尺度、色彩、比例、装饰等问题，涉及不同空间的布局、组合问题，以及空间的节奏和变化等。人们为了更好地生活，不断地进行美的创造，不断地改进、变革，最终使周围环境一步一步地更接近人的理想生活环境。许多的建筑、环境都具有非常高的审美价值，体现了人们的智慧。一些重要体育景观建筑巧夺天工的设计、施工给人以视觉方面的美的感受，还有一些体育景观建筑对体现人们的自我认同方面有重要意义，能引起人们的联想，从而带给人们丰富感受并产生美感。例如，大连体育中心网球场外的体育雕塑（图4－6、图4－7），设计师运用点、线、面将球拍、网球、运动瞬间等项目要素组合成主题雕塑，并保持与网球场建筑风格的统一。配合绿地，使整个景观相互融合，体现了网球运动中优雅与力量的结合，具有节奏感和韵律感。

图4－6　网球场外雕塑（1）

图4－7　网球场外雕塑（2）

二、公共体育场馆景观环境的内涵

公共体育场馆通常因赛事而建，其景观环境是配合专业竞赛场馆，在充分考虑各类体育场馆不同特征及人们参与或观看运动的需求下建立的，为专业运动员和大众健身者提供运动、休闲场地等景观环境。

（一）公共体育场馆景观的特征

就景观特征而言，开阔的集散场地、顺畅的交通组织、丰富的运动空间和多样化的景观形式是公共体育场馆景观的基本特征，美感和力度是公共体育场馆景观区别于其他景观最显著的特点。体育场馆景观作为体育场馆的附属，赛时主要服务对象为观众，起到烘托场馆、展示形象、美化环境、集散疏通并提供临时休息场所的作用。赛后主要服务对象则为爱好体育锻炼和运动休闲的城市居民。因而公共体育场馆景观应具有较高的绿地覆盖率和多样化的景观类型，并以较为丰富的运动、休闲场地和设施吸引市民前来健身、休闲及娱乐。

（二）公共体育场馆景观的类型

根据公共体育场馆的特征，其景观的类型如图4－8所示。

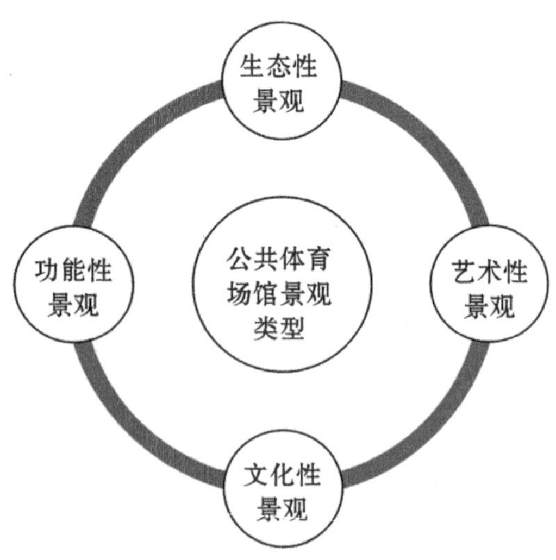

图4－8　公共体育场馆景观类型

1. 功能性景观

功能性景观主要包括道路、停车场、集散广场和设施。

（1）道路系统在体育场馆室外景观环境中主要联系着市政道路与体育场馆内部，起到组织交通、引导游览、辨识方向的作用，也是体育场馆室外景观环境布局的构成要素。体育场馆室外景观道路系统一般包含：主干道

（轴线交通）、次干道、游步道、残疾人通道、盲道、VIP 通道及消防通道。道路系统应结合健身步道、健身路径、健身自行车道等进行设计，并可用不同的色彩来美化。

（2）停车场是保障交通顺畅和安全的场所。在有体育赛事及演出活动时，各类车辆数量庞大，为此必须依据《停车场规划设计规范》和《风景区停车场规划设计规范》及体育场馆规模，合理布置机动车和非机动车存放处，并设置足够的停车位。

（3）集散广场为人们提供了在场馆外集散、驻足的空间。广场主要设置在场馆室外景观出入口、建筑出入口和沿场馆周围等空间，方便使用。应根据场馆和客流量的大小，确定铺装广场的面积和形式。

（4）设施类景观是体育场馆室外景观环境中不可或缺的内容，是体现景观人性化服务的重要指标。它主要包含：休息设施（座椅、坐凳等）、环卫设施（饮水器、生态厕所、垃圾桶等）、标识系统（指示牌等）、安保设施（监控、广播等）、无障碍设施（残疾人坡道、盲道等）、照明设施（景观灯、草坪灯、射灯等）、灌溉设施（喷灌、滴灌等）。同时，应设置相对较为全面的体育健身设施，通常包含篮球场、网球场及各类健身道等。

2. 生态性景观

生态性景观主要包括绿地率、植物配置多样性等。体育场馆一般具有较大的建筑体量，因而应具有较高的绿地率，以使建筑与景观能够更好地融合，创造出更加怡人的景观空间，带来更加舒适的景观体验。同时，植物配置应体现多样性，大乔木、小乔木、灌木、地被、草坪等结构层次不断变化。植物配置方式应采用规则式与自然式相结合的手法，对于主轴线及主要出入口的重点空间，宜采用规则式的配置方式，以烘托形象，体现庄重感；其他休闲性空间则宜采用自然式的配置方式，可增强亲和力。

3. 艺术性景观

景观的艺术性主要体现在用理性的标准、艺术的高度、景观的手法来配置功能、梳理空间、装饰细节、营造氛围等。应注意营造丰富多变的空间形式，将参与性景观、观赏性景观以及应用性景观三者并重，充分体现体育场馆景观“动”的特征。

4. 文化性景观

体育场馆一般用于举行较为隆重的大型赛事、演出及全民健身活动，活动的辐射面广，影响力大。应注重将所在区域的历史文化、生活习俗、自然环境特色作为体育场馆文化性景观的基础性元素，传达出积极、健康、活跃的信息，可以通过雕塑、景墙、构筑物等方式进行表现。例如，延安作为我国红色根据地，革命传统教育基地，处处显示出其浓郁的地方历史文化。图 4－9 为延安体育馆外的灯柱，红五星镶嵌于上，与远处的宝塔山遥相呼应，昭示着革命传统历久弥新，代代相传。

图 4－9　红五星灯柱

三、公共体育建筑的景观环境建设实例

东方体育中心（图 4－10）位于上海美丽的黄浦江畔，紧邻 2010 年世博园景区，占地面积为 34.75 公顷，建筑面积 18.8 万平方米，主要由体育馆、游泳馆、室外跳水池、东方体育大厦 4 座大型建筑，和一个标高为 11 米的大平台及一些辅助设施组成。东方体育中心室外部分设有大型广场、大型停车场、运动场以及高低起伏的绿化和大面积的人工湖景观。建筑宏伟大气，造型优美飘逸，整体环境充分体现了水的灵性和动感，是上海新十年的标志性建筑之一。同时，作为政府投资建造的公益性体育场馆，东方体育中心是上海一个全新的“全民健身、重大赛事、体育训练和体育交流”中心。

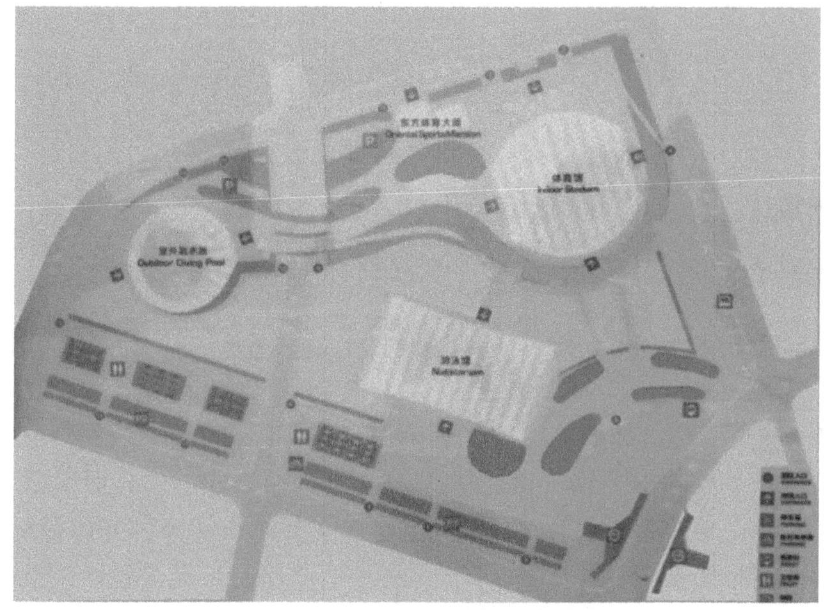

图 4－10　上海东方体育中心俯瞰图

东方体育中心于 2008 年 12 月 28 日开工建设，2010 年 12 月 30 日正式落成，2011 年 3 月起逐步交付使用。2011 年 7 月 16 日至 31 日成功地举办了第 14 届国际泳联世界锦标赛（以下简称“世游赛”）。随着世游赛的举办，东方体育中心备受社会各界高度关注，东方体育中心的体育馆、游泳馆、室外跳水池（图 4－11），被上海市民誉为“海上皇冠”“玉兰桥”“月亮湾”。世游赛结束后，东方体育中心还成功地举办了“中国杯世界花样滑冰大奖赛”“国际滑联短道速滑世界杯”“国际滑联短道速滑世界锦标赛”“冰上雅姿盛典”等重大赛事和活动。

图4－11　上海东方体育中心实景图

2011年9月，东方体育中心开始向市民开放，开放项目有游泳、网球、篮球、足球、乒乓球、羽毛球、台球、健身房运动等。同时，业余体育训练项目涉及游泳、花样游泳、水球、跳水、网球、羽毛球等。另外，在国内外体育交流方面，中心也积极地发挥了作用。未来的东方体育中心将坚持社会公益性，通过不断举办国际国内顶级赛事，最大限度地向市民开放，着力为提升上海城市国际影响力和市民健康发挥积极作用。

（一）体育建筑景观环境的建设

上海东方体育中心（Oriental Sports Center），别名“海上王冠”，原名上海水上竞技中心，位于上海浦东新区耀龙路前滩地块，是以水上项目为主的综合性体育场馆，共包括一座1.5万人的主体育馆，5千人的游泳馆和5千人的室外跳水池，总投资约20亿元人民币，于2010年年底竣工。

1. 主体育馆

东方体育中心体育馆（图4－12），被公众称为“海上王冠”，建筑面积7.8万平方米。建筑外形像一层层向上抛起的波浪和白帆，又像一顶充满王者之气的桂冠，象征着体育运动和体育健儿激情四射、昂扬向上、勇攀巅峰的热情、力量和霸气。

图 4－12　上海东方体育中心体育馆造型

该体育馆由主馆和训练馆两部分组成，可同时满足比赛及热身需求，是上海目前座席最多的室内运动场馆。座位最大容量可以达到 18 000 个，体育馆共 5 层，地下 2 层为赛事功能用房，有 6 套运动员用房，层高 4 米以上，出入口完全可供集卡进入，方便了比赛的后勤保障。地下 1 层为贵宾用房和新闻媒体用房。地上 3 层为观众看台（其中第 2 层为包厢层，共有 38 个包厢），设计还含有残疾人席位。

体育馆设计均按照国际体育组织最新标准建设，可满足游泳、篮球、排球、网球、乒乓球、羽毛球、手球、体操、室内 7 人制足球、冰球、短道速滑、花样滑冰等 20 多项室内国际专项和综合赛事的功能要求。体育馆场地使用灵活性高，既可搭建临时泳池，又可随时制冰或铺设活动大地板。场内可搭建 1 座 50 米 ×25 米 ×3 米的标准泳池，可制 60 米 ×30 米的冰场，可搭建 78 米 ×47 米大地板。场地转换一般在 24 ~ 72 小时内就可完成。

2. 游泳馆

游泳馆又名“玉兰桥”（图4－13），建筑面积4. 8 万平方米。建筑由一个拱形体的排列构成，犹如层层波浪冲刷在平缓的沙滩上，由 1 个 10 条标准泳道 51 米 × 25 米 ×3 米游泳池、1 个 50 米 ×25 米 ×2 米热身训练池、1 个 25 米 ×30 米 ×6 米跳水池及 3 个戏水池组成，设座位 4 945 个，可举办游泳、跳水、水球、花样游泳等项目的国际A级比赛。标准泳池中间设置的浮桥，还可举办短池游泳赛事。整个场馆在设计上积极倡导绿色环保理念，大量采用自然光照明，供暖也采用了水源热泵技术，使场馆供暖更为“低碳”。场馆所有比赛池水、训练池水及戏水区池水核心水处理系统，全部采用国际先进的硅藻土技术，在没有人为因素的影响下，泳池的水质标准理论上可以达到饮用水的标准。

图4－13　上海东方体育中心游泳馆造型

3. 室外跳水池

室外跳水池又称“月亮湾”（图4－14），建筑面积1.1万平方米，坐落于人工湖岛上的室外跳水池是东方体育中心设计中的一大亮点。屋盖结构为一个“半月”形平面，它的开放式设计，让观众在座席上可以从不同角度欣赏整个东方体育中心和纵览浦江两岸的水岸景观。室外跳水池由1个25米×30米，水深6米的跳水池和1个10泳道50米×25米×1.8米标准游泳池组成，可举办最高规格的跳水比赛和一般的群众性

图4－14　上海东方体育中心室外跳水池造型

游泳比赛，设置座位4 753个，2011年国际泳联世界锦标赛跳水比赛就在这里举行。东方体育中心内泳池多，为避免同质性，突显特色，跳水池被建造在室外。同时，将浦江两岸的风光作为体育舞台的大背景，通过电视转播，向全世界打出上海城市面貌最好的广告。在盛夏，室外泳池对外开放，也是市民消暑的好场所。

（二）植物景观设计

东方体育中心的植物景观设计，通过合理的空间布局、细致的群落配植（图4－15、图4－16），使城市景观与优美的河畔自然境域的过渡浑然天成。作为浦江两岸的重要景观节点，其在植物设计上以多样化的植物品种和复合式的群落配植，营造高绿量、生态型的植物景观，修复因城市建设而割裂的生态廊道，完善区域的生态系统。

图4－15　错落有致的植物景观

图4－16　室外植物景观

室外广场植物景观围绕“东方体育中心”石刻展开，高低起伏，错落有致，通过石楠、黄金榕、构树、芦苇营造颇具层次感的植物景观效果；进入体育中心内，迎面而来的“圆池”景观（图4－17）则是巧妙地将植物景观与休闲座椅景观有效结合，在欣赏绿植之时达到片刻休息的作用。“池内”植物景观借助樟树、格木、榕树、杧果、刺槐、无患子、野牡丹、金叶女贞、合欢花等，特色鲜明地呈现出漫漫眼前路，为即将进入眼帘的“海上王冠”及“玉兰桥”拉开帷幕；除此之外，体育中心内黄杨、银杏、梧桐、垂柳随处可见（图4－18），营造出别具一格的绿色植物生态景观。值得一提的是，在体育中心游泳馆附近，一片占地超过10万平方米的大绿地中，扎根一棵已有166年的银杏古树。参天古树，郁郁苍苍，在此“安家落户”，如今，得到悉心呵护的古银杏重新焕发活力，为现代化体育中心增添了一抹亮色。

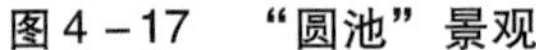
图4－17　“圆池”景观

图4－18　游泳馆前植物景观

（三）水体景观设计

从视觉上看，上海东方体育中心几乎与黄浦江浑然一体，每座体育场馆都与规划在江边的人工湖畔遥相呼应，有着鲜明的滨江水岸景观（图4－19），而科技节能减排的理念也得到明显体现。例如，为人工湖配置自然的各种水中植物，实现水体的自净功能。又如，采用科技环保节能的水源热泵系统，水源取自人工湖水，在过渡季节为游泳馆池水提供加温。体育公园水体以湖的形式连接综合馆、游泳馆和室外跳水池，每座场馆通过花瓶形状的湖水遥相呼应。一池宽阔恬静、水波粼粼的“人工景观湖”，展现出“水清、鱼游、景美”的景观。

体育中心水处理的定位是，配合自然的各种水中植物，实现水体的自净功能。其采取纯生态的手段，净化水质的主角——沉水植物以“水下森林”的形态呈现在大家面前。人工湖中播种各种水生植物，在水底区有滤食性鱼类、虾类，在水层区放养滤食性鲢鳙、适量的肉食性鱼类，通过水生生物的食物链关系，人为建立一个水生生态系统，实现从水底到水层区立体生态位的综合生物净化模式。而“水清见鱼游”，也定会成为游人驻足观赏的景色。

在室外跳水池一侧建有占地6 000平方米，错落有致的湿地景观。湿地上种植的芦苇、梭鱼草、再力花等水生观赏植物，同样可起到净化水质和丰富景观的双

重功效。人工湖的角落里还点缀了荷花、睡莲，以丰富景观效果（图4－20）。正是采取人工水生态系统集成技术、生态湿地净化技术来实现水体水质净化。

图4－19　水岸景观风貌

图4－20　荷柳意境水体景观

除此之外，场馆中也处处“流露”出环保节能理念，善用天然资源、减少资源消耗。水源热泵系统的使用，取用人工湖水，在过渡季节为游泳馆池水提供加温。游泳池的排水经处理后，也可用于人工湖的景观补水。综合馆、游泳馆能收集雨水，循环用于大平台绿化浇灌和场地浇洒用水。场馆设计大量引入自然采光及自然通风，屋顶用拱形构件排列形式，排列间的空间采用半透明的膜结构，将室外光自然过滤为均匀的馆内自然光，以满足日常采光所需。一位专家介绍，泳池水处理采用国际最先进的硅藻土水处理技术，水质可达到啤酒纯净度，能直接饮用的标准。通过纯生态处理的方式，能够充分展现“绿色、生态、低碳”的环保理念，呈现出水体自然美景。

（四）基础设施建设

基础设施是体育中心景观环境中必不可少的服务性设施，为体育中心经营提供物质支撑，为大众提供优质服务，以补充体育中心的体育功能，更深刻地体现人性化。上海东方体育中心基础设施完善，包含标识导视系统（图4－21）、消防设施系统（图4－22）、服务设施（图4－23）、休闲设施（图4－24）、卫生设施（图4－25）、饮水设施（图4－26）等，为专业赛事、全民健身提供良好的服务，保障体育中心内活动的顺利开展。

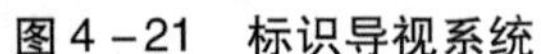

图 4-21　标识导视系统

图 4-22　消防设施系统

图 4-23　服务设施

图 4-24　休闲设施

图 4-25　卫生设施

图 4-26　饮水设施

（五）全民健身功能

上海东方体育中心除了承接大型赛事之外，还具有全民健身功能。其中，游泳馆设有 2 个 50 米标准池，1 个跳水池和 1 个休闲泳池，目前热身池已正式向社会开放，并提供幼少儿及成人的游泳培训服务；3 片室外标准网球场（36.6 米 ×18.3 米），可承接商业及公司比赛，并将为广大网球爱好者提供专业的网球培训；4 片室外 5 人制足球场，可承接商业及公司比赛，也是周边广大足球爱好者健身锻炼的首选场所；4 片室外标准篮球场（28 米 ×15 米）（图 4-27），场地设施优良，环境整洁，

图 4-27　室外篮球场地

可承接商业及公司比赛，如街头三人篮球赛，户外趣味运动等，也是周边广大篮球爱好者锻炼的首选场所；乒乓球场地配套设施齐全，是健身锻炼的最佳选择；另外，还有10片室内标准羽毛球球场，为广大羽毛球爱好者提供专业的培训，更是健身锻炼的不二选择。东方体育中心将坚持公益性，向广大市民开放，让群众分享体育发展的成果，享受体育带来的健康与快乐。

第三节　社区体育场馆景观环境的建设

社区体育场馆周围道路、广场、绿地等都是景观环境最基本的构成要素，这些要素既各自独立，又相互联系和制约，同时，对社区居民生活空间产生相互作用和影响，并共同构建出社区体育场地景观环境统一体。

一、社区景观环境的内涵

社区景观环境，是指人们日常户外活动所处的景观环境，包括锻炼、娱乐、休闲等所处的小区绿地、公园、草地、林荫道甚至城市雕塑等。

二、社区体育场馆景观规划建设

社区体育场馆是居民休闲交流和健身的人流集散地。周围的绿地，各区域之间的空地及绿化带等，都是体育场地景观环境设计时可供利用的资源条件，进而达到体育园林化的效果，产生文化环境、自然环境、生活环境水乳交融的意境。

（一）植物景观环境

社区体育场馆的植物景观环境建设，是一项系统工程。由于各社区的条件不同，其建设理念与方式也存在差异。例如，“见缝插针，傍绿造场”是上海建设社区公共体育场地的理念。为了给更多的人群创造锻炼身体的机会，上海市体育局在市区土地资源有限的条件下，经过不断探索、研究，走园林体育化、体育园林化之路，在公共绿地、公园等场所内建设小型运动场地。

社区公共体育场地可建设在大型绿地、公园等公共场所中，也可建在楼宇之间的空地（图 4－28），通过不同层次的植物造景，将社区体育场地围合、隔离，周围环境优美，市民在这些场所健身既可以享受健身的乐趣，还可以欣赏周围的美景。让绿地“动”起来，使体育“绿”起来，是在新一轮的健身设施建设中，以人为本，在更大的空间、更长的时间跨度、更高的起点上拓展的新思路。

图 4－28　植物环绕的游泳池（三亚某小区）

（二）体育雕塑景观

社区体育场地的雕塑景观因受到场地空间的限制，多安装在场地围网和围网前的草坪上，且体量较小，以体育项目为基本素材，较为直观。

（三）体育设施景观

健身路径是社区体育场地的主要设施，也是一种较为普遍的体育景观，为社区居民健身提供了便利。围绕健身器材的布局，地面铺装以硬质铺装和草坪、沙地为主，形式及色彩搭配应具有一定的图案感，同时，保证运动安全。在健身设施周围，设置一定数量的休息座椅，满足居民交往和休息的需求。

第四节　学校体育场馆景观环境的建设

学校是教育的中心，教育是提高国民素质的重要途径，是社会进步和革新的根本。学校所承担的推动社会发展和人才培养的使命，对学校体育场馆景观环境的规划提出了严格的要求，只有遵循教育发展规律，才能使体育场馆景观环境达到理想目的，在促进人才全面成长中发挥重要作用。

一、学校体育场馆常用景观要素

不同类型的体育场馆面对不同的群体，他们对生态环境、文化品位、生活方式有不同的要求。学校体育场馆景观设计需把握师生群体的特点，才能创造出适宜的体育活动文化氛围。

学校体育场馆的功能具有多义性，既是体育活动场所，也是学生晨读、师生休闲、学校集会的场所，特定时间人流量较大，景观规划设计时，需考虑不同的需求。常用要素包括植物、雕塑、色彩、宣传设施、照明设施、休息设施等。

二、学校体育场馆色彩环境的策划

体育场馆的色彩环境直接影响着体育活动中师生的情绪和体育教学的氛围。规划设计时，应突出教书育人的性质和浓厚的文化气韵，符合学生审美心理和校园特征。例如，中小学体育场馆景观的色彩环境可欢快、松弛，主色调可以暖色为主，而大学体育场馆景观的色彩环境则可相对平和，从而给学生以愉快、轻松、活泼和欢快的色彩感受，提升教学活动中的心理舒适度，带给师生蓬勃向上的精神动力。

三、学校体育场馆的景观规划建设

体育场馆景观是校园规划的一部分，必须与校园整体景观保持协调。因此，设计时应对校园景观进行深入研究，了解各区域的关系，以确定景观的基本结构，并进行合理布局。

（一）学校体育场馆植物景观

在学校体育场馆区域，植物景观主要以丛植、对植、群植的方式，起到隔离和美化环境的作用。例如，将冬青树植于运动区围栏外（图4－29），既柔化了围栏金属材料的刚性，又形成了一道园林景观墙，将校园路径与运动区域分隔开。

图4－29　围栏外的冬青墙

（二）学校体育雕塑景观

雕塑在学校体育场馆景观环境中起着标识引导性和传递文脉的作用。校园内的雕塑景观，能使体育文化通过雕塑进行展示，既点明了体育的重要性，又标示着体育的影响力，还可突出体育运动的区域性，是极具感染力的一种体育景观环境要素。厦门华夏学院田径场一侧有一组以“健康运动，激扬青春”为主题的雕塑（图4－30），用废旧钢铁、钢板和镀锌板等焊接成型，通过体育传递了绿色校园“人文、自然、简约、和谐”的思想。

图4－30　校园体育雕塑

（三）学校体育场馆宣传廊和荣誉柜

每所学校都有自己长期以来形成的文化积淀，这是学校历史的传承与特色的体现。体育场馆景观环境只有融入其中，才能得到师生的认同，并发挥出应有的作用，这是其内涵的体现。图 4－31 为西安建筑科技大学体育馆门庭一角，由于该校的建筑学科为学校的优势特色学科，体育建筑管理专业为省级特色专业，在门厅长廊中规划了历届奥运会主体育场效果图，将设计理念嵌于其中，既与学校历史积淀相吻合，又与体育运动联系紧密。西南大学体育学院将学院院训镶嵌于门厅内（图 4－32），进入体育馆，便置身于强烈的进取氛围中，使体育的教育功能时时彰显。

图 4－31 体育宣传长廊

图 4－32 院训

此外，学校在长期的体育教育发展历程中，均会取得不同层面的成绩，以荣誉柜的形式展示于体育馆内环境中，既丰富了景观要素，又是对以往学校体育的回顾和纪念，使学生产生认同感和自豪感，有利于进一步推动学校体育的发展。而在设计荣誉柜时，既要考虑其本身的空间分割，又要突显体育要素（图 4－33），并置于醒目而协调的位置。

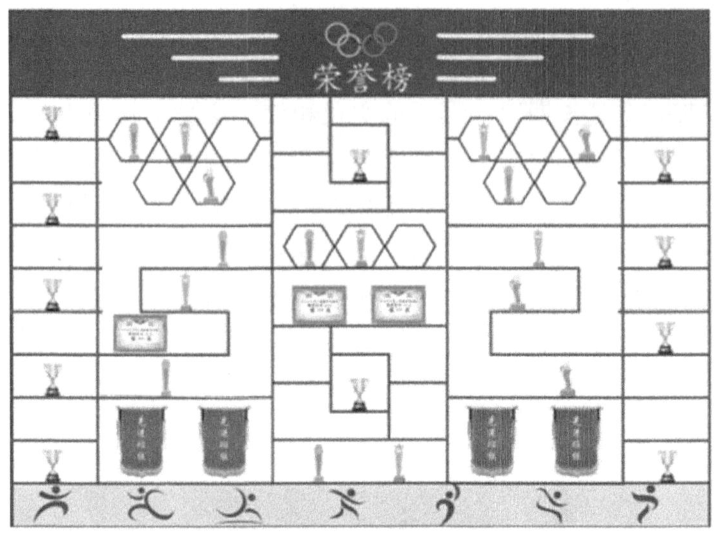

图 4 - 33　荣誉柜

（四）学校体育场馆地面铺装与植物

景观环境中的任何一种设施都应以满足人们的一定功能需求或具有一定目的而存在，其自身首先必须能够被人感知到客观存在，同时能够直接给人们提供便利、安全、信息交流等方面的服务，以满足多样化的使用特点和要求，如以体育为主题要素的石刻（图 4 - 34）。

(1)

(2)

图 4 - 34　西南大学前庭广场地面铺装

铺于体育馆前庭广场地面，既是对场馆功能的暗喻，又使人们提前感知了体育的氛围。图 4－35 为单体建筑体育馆，正门前是硬质铺装的前庭广场，以栾树和草坪环绕，形成错落有致的景观环境，为使用者提供适用的外部活动空间，以多样的空间感受与景观的变化引导新鲜不同的体验。从而与体育馆周围环境形成了宁静典雅的建筑园林格调，并成为晨读、晨练、小型集会的极佳场所。

图 4－35　体育馆前庭广场

【案例】

琼海万泉森邻住宅小区体育景观环境建设

万泉森邻位于海南岛东之都——琼海，一个年轻而富有魅力的城市，被誉为海南省东海岸的明珠。琼海是充满传奇色彩的红色娘子军的诞生地，有风光旖旎的万泉河和享誉世界的博鳌亚洲论坛。红色的历程、蓝色的诱惑、绿色的魅力，成就了美丽而神奇的土地，使琼海散发出夺目的光彩，吸引了众多的投资者。

一、项目概况

琼海万泉森邻位于琼海市银海路南侧，是东线高速公路进出琼海市区的主干道，沿路市政配套成熟完善，交通出行便捷。整个小区有 9 栋建筑，南北错落布局，有效提升居者生活的私密性及观景视野；低至 15% 的建筑密度，给予健康生活更多绿意空间。20 000 平方米东南亚风情园林，提纯东南亚景观精粹，以多组团环绕建筑而生，运用多种造景手法，使景观具有更高的欣赏价值，同时亦丰富景观的参与功能，将生活情趣有机引入园景之中。

二、设计理念

小区的设计理念以健康为起点，舒适为尺度，全面衡量生活本源的各项指标，将建筑、园林、人与自然和谐汇融，倾心打造“回归生活本源”的养生社区。

三、体育景观

围绕健康养生这一主题，结合地域文化特色，万泉森邻小区体育景观既有南国风情，又展示了体育功能。每两栋楼之间都有一个活动广场，便于居民开展健身活动和更好地沟通交流，创建良好的邻里关系。小区内体育景观丰富而实用，与地域特色植物、琼崖文化、水体等有机融合，体育设施散落于绿化中，为居住者提供了良好的健身休闲和交流沟通的场所。考虑使用者的年龄需求，泳池设计时包括了戏水池、温泉池和休息亭，有专供儿童使用的游乐健身设施，地面铺装时将代表琼崖文化的五角星作为铺装元素，突出了地域性（图 4－36～图 4－40）。丰富的体育景观成为提高居住区吸引力的设施，提升了万泉森邻住宅小区的环境品质和居民的生活质量。

图 4－36　泳池景观

图 4－37　儿童游乐设施

图 4－38　健身路径

图 4－39　运动设施

图 4－40　地面铺装

问　题

1. 试述万泉森邻住宅小区体育景观的特点。
2. 结合所学知识，分析万泉森邻住宅小区如何进一步丰富体育景观要素？

思考与讨论

1. 公共体育场馆常用景观要素有哪些？
2. 试述公共体育场馆景观的特征和类型。
3. 举例说明公共体育场馆景观环境规划设计理念。
4. 举例说明社区体育场馆景观环境规划设计理念。
5. 学校体育场馆常用景观要素有哪些？
6. 设计一个长 6 米，宽 30 厘米，高 4 米的荣誉柜。

第五章 体育赛事景观环境

【内容提要】通过本章的学习，了解体育赛事景观的分类，掌握体育赛事景观要素及策划要点，能够应用体育赛事景观综合要素进行赛事景观环境的策划。

近年来，在大型体育赛事的管理实践中，赛事景观越来越受到赛事举办组织和城市的重视。在 1992 年的巴塞罗那奥运会上，奥运会赛事景观的战略地位就已凸显；到了 1998 年的长野冬奥会，赛事景观工程开始趋于规范化；2004 年的雅典奥运会和 2006 年的多哈亚运会，赛事形象景观更是发展到了一个新的高度。国际奥委会形象景观顾问曾在雅典奥运会赛后的新闻发布会上说，“雅典奥运会的景观工程是历届奥运会中最成功的案例”，其不但展现了奥运会独特的品牌文化，更传达了雅典人民对奥运精神的理解和阐释。2008 年北京奥运会，更是将赛事景观与城市肌理、中国文化的传播紧密联系，赛事景观的作用被发挥得淋漓尽致。

第一节 体育赛事景观概述

体育能提高城市活力，体育能提升城市精神。随着人们物质和精神文化生活的日益丰富，体育设施条件的改善，体育赛事的风起云涌，体育精神对城市影响

的提升等，体育景观的不同表现形式应运而生，对人们的体育生活方式和城市精神的凝练产生着不同的影响。可以说，体育赛事景观环境，是一种特定时期内产生的特殊景观形式。而赛事景观在展示城市面貌、振奋市民精神等方面也发挥着越来越大的作用，促进着城市地位的不断提升和城市文化的不断丰富。因此，无论是外在的形式设计还是内在的功能设计，都应该加强公众的参与度，加大景观的开放性，体现景观的集聚特点，提升公众对赛事景观的了解，提高赛事景观的吸引力。因此，体育赛事景观设计要有一定的“开放性”或“展示性”，除满足基本功能需要外，还应注重赛事的特殊时间、特殊地点等特征背景。

一、体育赛事的特征

体育赛事是一种提供竞赛产品和相关服务产品的特殊事件，体育赛事更是提振城市形象的有效载体。其内涵包括：“提供竞赛产品和相关服务产品，受竞赛规则、传统习俗和多种因素的制约；其外延具有项目管理特征、组织文化背景和市场潜力；其作用能够迎合不同参与体分享经历的需求，达到多种目的与目标，对社会和文化、自然和环境、政治和经济、旅游等多个领域发生冲击影响，能够产生显著的社会效益、经济效益和综合效益。”体育赛事具有以下特征。

（一）周期性与长远性

大型赛事的运行时间（如奥运会、全运会等），长则7~8年，短则4~5年，并需经过提前申办才能确定最终举办城市。就时间跨度而言，赛事对举办城市的影响力是毋庸置疑的，不仅带动其经济、社会、人文等多元化的快速发展，且也存在着周期性作用，从申办成功起即对举办地的影响力开始增强，直到举办期间影响力达到峰值。而当赛事结束后，随着时间的推移，举办城市的知名度相对减弱，但赛事对城市发展的影响是伴随它们所遗留下来的基础设施、空间环境及非物质文化遗产而逐渐体现的。与此同时，伴随下一次周期性的重大事件的来临，未来的承办城市将受到越来越多的关注。

（二）推动性

大型体育赛事是参与广泛、备受瞩目的体育盛会，对赛事举办的场所、设施、物资、交通和服务等要求较高。各举办城市在申办成功后，都会开展广泛的城市基础设施建设及改造，这不仅对城市的基础建设发展起到推动作用，同时对提升城市的整体形象，促进城市景观的整体建设，提高城市的综合竞争力有积极的推动作用。

（三）聚集性

体育赛事期间人流量大，各类事件参与面广。例如，北京奥运会具有强大的全球效应，借助此平台呈现的活动多样性是一大特色，也体现了重大事件的聚集作用。在举办重大事件期间，各类活动也是丰富多彩的。奥运期间，北京推出了一系列形式多样、富有创意和具有广泛国际参与性的文化艺术活动。同时，为了在北京奥运会期间营造良好的文化氛围，在北京奥运会、残奥会期间，北京的 26 个奥运文化广场举办了 672 场文艺演出、20 多个特色鲜明的奥运主题文化展览、7 个主题文化活动，共同体验中国风格、人文风采和时代风貌。

（四）临时性与永久性

体育事件本身是“短期效应”，具有临时性特征，但对城市的推广、公众的吸引力和其创造的旅游价值则意义深远，具有永久性。

二、体育赛事景观的分类

体育赛事结束后，将给城市留下宝贵的文化遗产和独具特色的文化传承。此外，还将加快城市建设，更新城市发展，整合、优化城市结构，增值城市功能，从而提升城市综合竞争力，促进城市和谐发展。体育赛事的比赛场所、景观和相关设施成为城市的特色景观。

（一）临时性体育赛事景观

临时性体育赛事景观是指为短期举行的体育赛事而建造的、使用周期短、灵活多变的一种展示性体育景观形式。这种景观在体育比赛结束后被拆除或移走，往往都具有在一段时间内集中展示以满足大量需求的特点。在展示期内，通常都需要较高的设计、组织和管理水平。临时性体育赛事景观是相对于传统的持久性景观而言，应用非常广泛，是一种实际存在的景观形式，是一种全新的景观形式的创新、构思、设计、发展、循环利用等一系列的过程艺术。

体育赛事景观的设计有别于公园、城市公共空间的园林景观设计。体育赛事景观具有明确的主题和目的性。赛事活动结束后，其中有的景观仍然保留，而有些景观则被拆除。临时性体育赛事景观依托于体育赛事的举行而建造，并终止于体育赛事的结束。在这种特殊的要求下，一种临时的、展示性强的、灵活多变的景观形式应运而生，在体育赛事中发挥了不可忽视的作用。

临时性景观包括临时性建筑和临时性景观设施，就体育赛事而言，临时性体育赛事景观包括临时性场地、临时性装饰设施、临时性媒体设施、临时性道路设施、临时性服务设施、临时性卫生设施和临时性休息设施。图 5 – 1 为广州亚运会期间以运动项目为元素设计的临时性装饰设施，图 5 – 2 为临时性道路设施。

图 5 – 1　广州亚运会临时性装饰设施

图 5 – 2　广州亚运会临时性道路设施

（二）永久性体育赛事景观

体育事件举办过后，被永久保留的景观即是永久景观，成为城市历史的一部分，形成城市所固有的文化和景色，增强了城市的吸引力。体育事件由最初的单个场馆逐渐发展成为当今的综合性区域或公园，给城市留下了大量的物质遗产。这些保留下来的建筑或场地在事件之后融入城市原有的景观体系中，补充城市的功能需要，成为城市的新地标，为城市经营提供了新的资源。

广东奥林匹克体育中心位于天河区东圃镇黄村，是广东省政府为承办第九届全国运动会而兴建的现代化体育场馆。中心占地面积 101 万平方米，总建筑面积 32.8 万平方米。设计上采用了独特的造型设计，新颖、浪漫，形如飘带。屋顶自由飘逸的“缎带”造型又像中国巨龙翱翔半空，寓意着广东在新世纪的腾飞，场馆建筑景观亦成为广东人永久的记忆（图 5－3）。

图 5－3　广东奥林匹克体育中心

第二节　体育赛事景观要素

随着城市的发展与演变，景观的服务对象也随之改变，并且公众对景观的要求也在发生着变化。景观在追求形式美感的同时，首要注重和考虑社会公众的基本需要，这是景观设计的根本出发点。一个好的景观环境设计，应该是多方面要素的协调统一，更是形式与功能的结合，而不是孤立地存在。体育赛事景观环境的设计应用亦是综合的，受多方面要素影响和制约。体育赛事景观环境涉及要素非常丰富，除植物、水体、山石、地面铺装、雕塑等基本要素外，还有体育赛事标识、会徽、吉祥物、火炬及各类丰富的环境设施等，以满足赛事需求和赛事期间集聚的人群需求。为了突出赛事氛围，赛事景观不仅布局于体育场馆区域，还有计划地散落于城市街区与广场。

一、体育赛事标识

标识，是指任何带有被设计成文字或图形的视觉展示，以用来传递信息或吸引注意力。标识是表明事物特征的记号。它以单纯、显著、易识别的物象、图形或文字符号为直观语言，并具有表达意义、情感和指令行动等作用。标识性导向设施运用科学合理的技术与艺术，创造出可满足人在体育空间环境中行为和心理需求的视觉识别系统。

（一）图形标识

就体育运动而言，图形标识是以富于想象或相联系的事物来象征体育运动的理念、内容，借用比喻或暗示的方法创造出富于联想、寓意丰富的艺术形象。图形标识设计还可用明显的感性形象来直接反映标志的内涵。

（二）文字标识

文字型标识是以含有象征意义的文字造型作基点，对其变形或抽象地改造，使之图案化。字母标识可用作赛事名称或举办地点的缩写。汉字的标识设计则多是充分发挥书法给人的意象美及组织结构美，利用美术字、篆、隶、楷等字体，根据字面结构进行加工变形做艺术处理，但要注意字形的可辨性，并力求清晰、美观。

图5－4为北京2008年残奥会会徽，由“天、地、人”3部分组成：一是图形部分，即由红、蓝、绿三色构成的“之”字形；二是“Beijing 2008 Paralympic Games”字样；三是国际残疾人奥林匹克委员会标志。会徽图形部分，以书法的笔触表现出一个运动的人形，仿佛一个向前跳跃的体操运动员，又如一个正在鞍马上凌空旋转的运动员，体现了运动的概念。会徽图形部分同时也可看作是中文的“之”字。

图5－4　北京2008年残奥会会徽

“之”，有出生、生生不息之意，也有到达之意，其字形曲折，寓意历经坎坷最终达到目标获得成功。会徽所使用的色彩中，红色，寓意着太阳；深蓝色，寓意着蓝天；绿色，寓意着大地。3种颜色的3个笔画综合起来成为一个运动的人形，即为“天、地、人”，体现了中国传统文化中“天人合一”的思想，表达了现代人秉持科学的发展观，追求运动的和谐，人的自身与自然、社会和谐发展的理念。

北京2008年残奥会会徽以天、地、人和谐统一为主线，把中国的文字、书法和残奥精神融为一体，集中体现了中国传统文化和现代奥林匹克运动精神，体现了“心智、身体、精神”和谐统一的残疾人奥林匹克运动精神，具有深厚的中国传统文化底蕴。

（三）引导性标识

引导性标识设施包括以引导人们的安全行动为目的的指示标识、以警示人们注意危险为目的的规定性标识等。作为引导和保障人们行为安全的标识性安全导

向设施，在体育公共空间环境中起着连接人与环境的重要媒介作用。

（四）复合性标识

文字、图案复合标识指综合运用文字和图案因素设计的标志，有图文并茂的效果。图5－5将文字巧妙变形，与运动项目图案融为一体，既起到吸引视线的作用，又使体育场所承载的项目一览无余。运用文字和人体运动图案结合设计的标识，除具有标识的作用外，更具有人文内涵。

图5－5　复合标识

（五）运动项目图标

体育赛事由不同的运动项目组成，动态的运动过程、精彩的运动瞬间、标志性的项目动作，成为景观创作富有活力和激情的元素。可以说，运动项目图标是体育赛事的重要视觉形象元素，它以生动准确的运动造型表现了各种体育项目，具有很强的直观性和艺术性。作为通用图形的体育图标，已超越了通过语言文字传播举办国文化的局限，广泛应用于赛事期间的道路指示系统、广告宣传、景观环境布置、电视转播、纪念品设计等领域，不仅具有很强的功能性，也是传达赛事举办理念和地域文化的重要载体。以运动项目图标为元素设计的各类景观小品，不仅在赛事举办期间起到了引导、美化环境的作用，更在赛事落下帷幕之后，仍旧使人们对比赛场景和运动项目形象记忆犹新，在潜移默化中促进体育生活方式的形成。根据艺术表现手法和所用材质的不同，体育图标或灵巧，或动感，或厚重，表现出迥异的风格。

以奥运会为例，奥运会是举世瞩目的大型综合性赛事，涵盖项目之多位居赛事前列。奥运会的运动项目图标，也因举办国文化背景的差异，呈现出鲜明的特点（图5－6、图5－7）。

图5-6　北京奥运会运动项目标识　　　　图5-7　里约奥运会运动项目标识

二、体育赛事会徽与吉祥物

大型和传统的体育赛事通常设计有会徽和吉祥物。会徽和吉祥物的设计元素一般与举办地的历史文化、民族风情息息相关，其图案和造型也成为赛事举办期间赛事景观和城市景观的设计原型，有些赛事景观还会成为永久性的体育文化景观。

（一）体育赛事会徽

重大会议、体育盛会一般都有会徽，会徽在设计上要体现会议的主旨、举办地、举办时间、举办国（地区、单位）等。会徽是赛事的徽记，亦称会标。大型运动会的举办，组织委员会都为所举办的运动会设计一款独特的会徽。会徽的作用在于向外推广主办城市和主办国家的文化，使参与赛会的运动员和观众受到鼓舞和激励。会徽的图样有些是通过广泛公开征集，择优选中的，有些是专门设计的。如奥运会会徽，是每一届奥运会的图腾，它向全世界展示了主办国家及城市对于奥林匹克精神的理解。伴随着现代奥运一个多世纪的历史，奥运会徽也经历

了 100 多年的发展与进化。从早期复杂的招贴画式会徽到今天简约抽象的艺术性徽记，城市与民族的特性都深深地烙印在每一届奥运会的会徽上。

历届奥运会会徽的图案虽然千差万别，但都有一个共同的标志，即相互套连的奥林匹克五环标志，同时衬以表现奥运城市和东道国历史、地理、民族文化传统等特点的主体图案，使人一眼就可看出奥运会举办的时间和地点。

（二）体育赛事的吉祥物

吉祥物一词，源于法国普罗旺斯语 Mascotto，直到 19 世纪末才被正式以 Mascotte 的拼写收入法文词典，英文 Mascot 由此演变而来，意为能带来吉祥、好运的人、动物或事物。吉祥物是人们在事物固有的属性和特征上，着意加工而成，用以表达人们的情感愿望。由原物发展成为富于吉庆意味的吉祥物，采用的加工手法包括转化事物的属性、谐音取意、神话故事的口耳相传和艺术工匠的手艺技法。从这些吉祥物中，我们可窥知其民族的生活方式和人们共同珍视的事情。

在奥运会、亚运会等大型赛事中，吉祥物大多以举办国有特色的动物形象为创作原型。现代奥运会从 1896 年至今，已经成功举办了 27 届，其中第 6、第 12、第 13 届因两次世界大战未举办，伦敦奥运会是第 30 届奥运会，而第一个奥运会吉祥物出现在 1968 年法国格勒诺布尔第 10 届冬季奥运会上，是一个被称为雪士（Schuss）的半人半物的卡通型滑雪小人儿形象，有着夸张而硕大的脑袋和细巧而坚硬的身体，象征一个有着坚强意志的小精灵（图 5 –8）。其原意是“高速滑雪”。

图 5 –8　格勒诺布尔冬奥会吉祥物

第一个夏季奥运会的吉祥物出现在 1972 年德国慕尼黑第 20 届奥运会上，这只被称为瓦尔迪（Waldi）的装饰性德国纯种小猎狗形象在巴伐利亚随处可见。小猎狗的灵活、忍耐和坚韧的特性也是运动员性格的表征。其头尾对称地涂着浅蓝、深蓝、深绿、嫩绿、黄、褐诸色，以此象征德意志大地和天空的色彩，这种暖色调还表达了一种热闹和谐的气氛（图 5 –9）。这种色调被后继者效仿和继承。

现代科技在奥林匹克运动中无处不在，传统的绘画和手工设计终于在 1996 年亚特兰大第 26 届奥运会吉祥物设计中被计算机科技所替代，这是第一个用计算机制作出的吉祥物（图 5－10）。组委会接到世界各地数千名儿童给它起的名字，最后采用了亚特兰大 32 位儿童的建议，定名为“伊奇”（Izzy）。

图 5－9　慕尼黑奥运会吉祥物

图 5－10　亚特兰大奥运会吉祥物

三、体育赛事火炬

火炬是大型体育赛事的标志之一，其造型设计是赛会精神和地域文化的象征。奥运火炬传递活动使世人越来越多地了解奥林匹克运动、走进奥林匹克运动，扩大了奥林匹克的影响。火炬也成为奥林匹克运动的重要标志物之一。

（一）火炬传递

作为一种神圣的象征，火的历史可以追溯到史前。火在希腊历史上代表着创世、再生和光明。在希腊神话中，火是赫菲斯托斯的神圣象征，是普罗米修斯从宙斯手中偷得并赠送给人类的礼物。在每个古希腊城邦的中心，都有一个燃烧长明圣火的祭坛，而城邦居民每家每户也都有长明圣火，以供奉女灶神赫斯提亚。火炬传递最早在古希腊是作为一种宗教仪式在夜晚举行，时隔不久就逐渐转变成了在青少年当中首先兴起的一种团体竞技运动，并最终演化成了最为流行的古希腊体育项目之一。

现代奥运火炬传递是一个非比赛项目，形式与古希腊的火炬传递相同，现已转变成为庆祝奥运会开幕的一项重要活动。在 1912 年 6 月 27 日举行的斯德哥尔摩奥运会上，现代奥林匹克运动的创始人顾拜旦在他预言性的演讲中指出：“从现在起，火炬手接受了火炬，也接受了传递奥运火焰的神圣使命。让奥运圣火在青年一代的手中相互传递，让全世界的青年都时刻准备着，将奥运圣火传遍全球。”

奥林匹克火炬是经国际奥委会批准的、用于奥林匹克圣火燃烧的、可手持的火炬。奥林匹克火炬是奥林匹克圣火的载体。作为庆祝奥运会开幕仪式的一部分，现代奥运会火炬传递的复兴是从 1936 年的第 11 届柏林奥运会开始的，从此每届奥运会都要举行火炬传递活动，每届奥运会都诞生一支体现主办国家文化特色并符合高科技要求的火炬，并成为奥林匹克运动的重要遗产。

（二）火炬的外观

火炬传递已成为各大型运动会不可或缺的一种仪式，并体现和代表着举办国的一种科技与文化的象征。例如，亚运会、世界大学生运动会、我国全运会等赛事，也举行火炬传递活动。图 5 – 11 为 2006 年多哈亚运会火炬，图 5 – 12 为 2012 年伦敦奥运会火炬。这些火炬虽造型迥异，但都无一例外地蕴含着举办国和举办城市源远流长的文化脉络和赛会精神。

图 5 – 11　多哈亚运会火炬造型

图 5 – 12　伦敦奥运会火炬造型

（三）火炬的创意

北京奥运会火炬创意灵感来自“渊源共生，和谐共融”的“祥云”图案。祥云的文化概念在中国具有上千年的时间跨度，是具有代表性的中国文化符号。火炬造型的设计灵感来自中国传统的纸卷轴。纸是中国四大发明之一，通过丝绸之路传到西方。人类文明随着纸的出现得以传播。源于汉代的漆红色在火炬上的运用使之明显区别于往届奥运会火炬设计，红银对比的色彩产生醒目的视觉效果，有利于各种形式的媒体传播。火炬上下比例均匀分割，祥云图案和立体浮雕式的工艺设计使整个火炬高雅华丽、内涵厚重。

火炬已不仅是运动会开始的前奏，更是传统文化的象征，并在赛事举办期间，成为重要的景观形象，主火炬更是成为永久的城市景观，记录着曾经的辉煌时刻。北京奥运会结束后，位于鸟巢的主火炬已安放在鸟巢东北侧总面积1 000平方米的火炬广场上（图5－13），成为奥林匹克公园的主景观之一，供游客参观，感受奥林匹克精神。青岛奥帆中心也以赛事遗产的形式将奥运火炬永久矗立于观光大道上（图5－14），将奥运辉煌永留记忆。

图5－13　火炬广场主火炬

图5－14　奥帆中心火炬

第三节　体育赛事景观环境策划

体育赛事（尤其大型体育赛事）是城市完善基础设施和改善城市环境面貌的催化剂。体育赛事超越了对城市体育本身的影响而扩大到对城市整体的影响。筹

办赛事期间，除了疏通交通、建设通信设施、改善环境外，还要建设（往往超越城市体育常规发展规划）大型体育场馆，来保障体育比赛顺利、高质进行。这些大型体育场馆的建设使城市的空间与环境得以优化，城市形象得以更新，并在赛后成为城市的遗产、地标性建筑。基于体育赛事的重大影响力，赛事景观环境设计必须结合现实环境状况，考虑人与环境的关系，使赛事景观环境不仅在举办周期内不同凡响，也在赛后成为富有吸引力的城市特色设施，为城市增色。

一、体育赛事景观环境策划原则

景观包括现实中可视、可触及、可观赏的各类自然景色，也包括人文景物，只是要强调其物质性。基于景观的固有功能和认识，体育赛事中的景观环境也就是指为了表达体育赛事的基本属性、价值和宗旨，营造符合体育赛事品位的氛围而专门设计制作和实施的各类物质景物。体育赛事的举办为城市和居民带来了新的生机与活力，并在全国和世界范围内，短时期、成倍地放大城市知名度，增强城市竞争力。在这样的大背景下，对体育赛事景观的构成要素提出设计应用对策，能够为城市的持续发展提供现实指导，促使体育赛事成为推动当今城市发展和景观环境建设的重要契机。

（一）立足于系统化的视角

体育赛事景观环境策划是一个系统工程，涉及体育赛事本身和地域环境与发展，要体现人与环境的和谐，突出赛事文化与地域文化的融合。因此，应把各相关景观要素集中起来做系统的排列，对体育赛事形象景观有整体性的管控，以便于合理使用和展示。

（二）考虑即时效果

临时性景观在体育赛事中所占比例较大，它的重要特征是短时性，往往在时间限定上较严格，但对于展示性的要求又比较高。因此，在策划时，应将即时效果放在首位。这就要求在策划初期，从景观设计的材料、色彩、形态、尺度等多方面充分考虑，突显其即时效果。这种“短时效应”的突出，也对景观策划提出更高的标准和要求，需将体育赛事形象充分展示出来。

（三）注重地域文化特色

体育赛事景观环境的策划，应注重文化特色。充分考虑地域自然和人文特征，尊重地域的自然地理条件、社会文化背景、民族民俗风情等，利用城市特有的基质，自然条件、地域文脉的延续及地方民俗，来强化地域特征。

天津全运会期间，随处可见一些彰显全运元素、具有民族风格的小型雕塑或是其他临时性景观（图 5－15），充分体现了天津的文化渊源，并利用体育赛事来传承和介绍历史文化以及风土人情，颇具生命力。

图 5－15　天津街头全运会会徽和吉祥物

（四）体现参与性与展示性

景观是能够使人坐下、触摸和走动的地方，是利用一种更具亲和力的形式表达出对空间的感觉。赛事景观要考虑游人在此驻足、体验的空间和设施，增加参与性和互动性，具有可进入性和可操作性，创设出体验性环境，拉近人们与赛事的距离。

（五）倡导生态可持续效应

城市建设行为无疑会对生态环境产生不同影响。在环境问题备受关注的今天，

赛事景观更应该体现对生态环境的关照，体现对场地生态发展过程的尊重、对物质能源的循环利用、对场地自我维持的重视，将环保理念植入赛事景观中。

二、体育赛事景观环境策划要点

体育赛事本身具有集聚效应，是经济、政治和文化的汇聚，赛事景观则是对这种集聚效应文化的凝练。优秀的赛事景观策划并不仅仅存在于一个短时期，而是随着时间的流转，能够深入人心，使人们在不同时期产生不同的感受，这也是景观的可持续发展。

（一）地面铺装

大型赛事期间，地面铺装是在原有面层上进行功能性点缀，属于临时性景观。可通过地面各类富有赛事元素的形象符号（图5－16），既引导行人和车辆的行为，又浓郁了赛事氛围，还可通过路面彩色装饰或搭台造成高度差等，使不同性质和功能的区域得以区分。

（1）

（2）

图5－16　天津全运会地面铺装

（二）植物绿化

赛事场馆建成后，其绿化相对稳定，但赛事的承接具有周期性和灵活性，因而在举办不同类别赛事时，可在原有植物景观的基础上，通过花坛、绿雕等装点

赛事环境。不同的花卉通过色彩和形态组成丰富多彩的图案。绿雕则以运动项目图标、五环等体育元素为设计要素，使主题与赛事主题契合，突出体育特点。在实际设计时，通常将花坛与绿雕结合运用，并将会徽、吉祥物和运动瞬间作为设计元素（图 5 –17、图 5 –18），天津全运会植物绿化设计以其亮丽的色彩和鲜明的赛事特色，突出体育运动的活力和勃勃生机，有效提高景观的观赏效果。

图 5 –17　花坛与吉祥物

图 5 –18　花坛与运动瞬间

（三）雕　塑

雕塑是美化赛事环境的点睛之笔，应服从赛事的主题需求。永久性雕塑既有大型标志物，以其醒目的色彩造型矗立场馆环境中（图 5 –19），作为赛事遗产，成为经得起时间考验的艺术品和城市文化的组成部分；也有以“亲和性”为主，小于或与人体等大尺度，塑造极具亲和力形象的雕塑。这类雕塑没有基座或平式基座，不设周边护栏，立于草坪边缘、路边或熙熙攘攘的人群中，可触摸、可观赏，给观者带来极强的参与感和愉悦感。图 5 –20 的奥运雕塑位于国家奥林匹克公园的休闲区，均触手可及，使观者能够近距离亲近雕塑。作为永久性赛事景观的雕塑，应在场馆规划设计阶段统筹考虑。

图 5－19　1990 年亚运会吉祥物

图 5－20　亲和性雕塑

（四）临时性设施

临时性设施景观是对永久性景观的有益补充，在大型赛事举办期间可以直接提供特定的功能。临时性装饰设施、卫生设施、服务设施、休息设施、道路设施等一方面要考虑赛事的承载量和使用功能，另一方面还应注重其细部设计的艺术性，以及与赛事要素的结合。图 5－21、图 5－22 分别为 2015 年在鸟巢举办国际田联世界田径锦标赛期间的临时性装饰设施和临时性道路设施，起到了烘托赛事氛围和引导行为的作用。

图 5－21　赛事装饰设施

图 5－22　赛事道路设施

（五）赛事特殊元素

图 5－23　燕儿

在赛事景观策划过程中，尤为重要的一点是，应将赛事图标、会徽、吉祥物、火炬等独特元素，广泛应用于各类景观设计中，使赛事因子无处不在，处处渗透，彰显其强大的影响力，创设良好的赛事氛围。如图 5－23 是 2015 年北京国际田联世界田径锦标赛吉祥物——“燕儿”，它集燕子、沙燕风筝、京剧脸谱三大视觉形象于一体。“燕子”充满生机，线条流畅，代表田径运动员矫捷灵敏的身姿；风筝寓意报喜，体现北京人民追求美好生活的吉祥心愿；京剧是中国国粹，积淀深厚的民族审美习惯，也是为世界所熟知的中国文化艺术瑰宝。三者合一，把田径的魅力、北京人的祝愿、中国的传统融为一体。吉祥物本身又与赛事场馆“鸟巢”彼此形成互动，并蕴含着 2008 年奥运会后，“燕儿”翩然“归巢”意蕴。在比赛期间，吉祥物“燕儿”出现在了道路设施、装饰设施、纪念章、颁奖仪式中，突显了赛事特殊景观元素在赛事景观环境设计中的重要地位。

三、景观体育

景观体育，是利用城市特有的自然景观和人文景观等景观资源，与体育比赛有机结合，从而展示体育精神、展现城市的生机、活力与魅力的体育运动。在欧美等发达国家，景观体育的发展比较成熟。众所周知的“环法自行车赛”就是景观体育最典型的例子。“环法自行车赛”将体育比赛和引人入胜的景观完美结合在一起，吸引着全世界数以万计的游客。这种将体育与当地风景名胜的巧妙结合赋予了体育赛事独特的内涵，体现了赛事的城市特色和人文特征，吸引了成千上万的观众驻足观看。这些高水平的竞技体育除了成为竞技赛事上的新亮点，也对全民健身事业起到推波助澜的作用，并促进了赛事景观的发展。

（一）景观体育的特征

在我国，“景观体育”由上海最先提出，是体育比赛与人文景观、自然景观的

融合，体育赛事从体育场馆走向了大自然，人们或参与或观赏，是一种新颖的体育活动方式。城市景观体育就是将城市景观、标志性建筑与时尚体育运动进行巧妙结合，将体育活动或赛事融入景观之中进行，借助电视等新闻媒体的传播，利用城市特有的景观资源来推动体育和展现特有的城市景观魅力。

景观体育以其独特的魅力将城市自然和人文景观与鲜活的体育活动相结合，成为展示城市特色、提高城市吸引力和影响力的重要手段。景观体育的成功举办对提高举办地城市的知名度、发展城市旅游业、增加财政收入等有重要作用。景观体育的特征主要表现在 3 个方面。

1. 创新性

事物存在的强大动力在于创新，创新是一个民族进步的动力。同样，创新也是体育活动存在的原因。景观体育之所以发展迅速，就在于它不受传统的束缚，突破常规。景观体育的创新性主要表现在时间和空间两个维度上，像攀岩、F1 赛艇、超低空跳伞等项目属新兴体育项目，历时短；在空间上，一些传统体育项目经过现代化包装呈现出时尚气息，如上海南京路步行街的沙滩排球赛，走出专门的体育场馆，突破传统思维定式，给人以耳目一新的视觉效果。

2. 复合性

景观体育是静态的城市景观和动态的体育运动相结合的复合体，具有景观和体育的双重特点，但又不是两者的简单叠加，而是一个有机整体。景观离开体育活动只是静物，缺少灵动；体育离开了景观就失去了新颖性，吸引力也将大大减弱。因此，两者的结合给景观和体育赋予了新的含义。景观凝结了艺术家的思想，是人类改造自然、创造自然的结果；体育同样是一项艺术，是一项人体艺术，是人类对自身的改造和创造。

3. 开放性

景观体育以景观为背景，在一个更加开放的环境下进行比赛，比赛时间也会根据当地的节假日来安排。在这样一个开放的空间里，参赛者面对的不仅仅是裁判和比赛场上的观众，还有街上的行人等。他们看到的不仅仅是一种比赛，更多的是人类通过自身活动而演绎的一种别样景观，是一种对城市体育在开放性时空中的展示。

（二）景观体育的开展

景观体育作为一种以城市景观为背景或场所开展的体育运动，是与城市景观相融合的。没有景观就没有景观体育。因此，城市景观本身的共享性规定了景观体育的共享性、开放性。这种特征是景观体育所特有的，任何在特定体育场馆举行的体育活动都没有这种公共共享性。可以说，景观体育对城市体育景观提出了更高的要求，富有吸引力的景观才能使景观体育的开展具有可持续性。厦门国际马拉松赛、环青海湖自行车赛就是鲜活的事例。同样，为了保持赛事的吸引力，城市景观的内容和表现形式也在悄然发生着变化，以促进景观体育的开展。目前，国内众多的路跑等户外赛事，更是将区域营销和体育赛事紧密融合，在推广城市的过程中，也进一步促进了景观体育的发展。

（三）景观体育中的体育雕塑

富有创造性的景观体育能够提升国内外对城市的关注度，提高市民对城市建设的参与热情，取得传统竞技体育所达不到的效果。作为国内最具影响力的国际马拉松赛之一，“厦门国际马拉松赛”已成为厦门走向世界的一张重要名片。它不仅仅是一项体育比赛，更是通过创办国际一流的赛事，搭建一个强健市民体魄、优化城市环境、增强人际关系交流、促进社会和谐的平台。为了将经典的瞬间和不懈的精神永远地凝固在“世界上最美丽的沿海赛道”上，扩大厦门国际马拉松赛的影响，同时也为环岛路增添人文气息，厦门市委、市政府于 2004 年提出制作一组马拉松雕塑群的设想。群雕策划创作于 2004 年 6 月开始进行，2005 年 3 月实施完毕，亮相环岛路。

这组雕塑取名为“永不止步”（图 5 – 24、图 5 – 25）。群雕群高 2 米，由 99 个雕塑形象组成，包括参赛的运动员和呐喊助威的人群。群雕分为 3 个章节。第一章节，主要塑造领先在第一组团的运动员，以 2003 年冠军选手及国内优秀选手为原型，刻画专业运动员在临近终点奋力冲刺的情景；第二章节，以专业选手及部分非专业选手为塑造主体，刻画选手们迎头追赶的情景；第三章节，以非专业选手为主体，体现“重在参与”与顽强不息的马拉松精神。群雕突出赛事“三性”：一是参与性，以专业选手与非专业选手不同竞赛水准、不同性格特征来表现社会大众参与的热情和广泛；二是国际性，造型上突出不同肤色、不同国籍的形态特征，突出各地区选手身上的地域性标志；三是典型性，创作中赋予各个个体以鲜活的个性色彩，主要体现在有各种情节性的动态和运动员之间的呼应。

图 5-24　起点

图 5-25　途中

这件由 99 尊雕塑组成的“永不止步”马拉松雕塑群一亮相就在全国产生了很大影响，国际奥委会委员吴经国先生也称赞不已，并将此消息带到了瑞士洛桑。国际奥委会对此非常感兴趣，决定对雕塑予以收藏，并选中了 2 件作品（运动员胸前的编号分别为 655、935）。被选中的这两尊雕塑分别为一男一女运动员，普遍的观点认为这两尊雕塑作品无论从相貌、身材来看，都具有中国人典型的形象特征，而且也是整个雕塑群中最具代表性的，具有极强的动态美。从群雕的整体来看，那些马拉松运动员之间又相互照应、彼此联系，形成疏密有致、有节奏感、有情节性的群体。参赛的运动员、观众、供应补给的服务人员和摄影记者之间，组成既相互关联，而又有各自鲜明个性的一组群体（图 5-26 ~ 图 5-28）。为让游客既可远距离拍照，又可近距离观看和接触，群雕放置在环岛路 0 ~ 5 公里地段绿化带。雕塑可微缩成为 20 ~ 30 厘米的模型纪念品，以旅游商品的形式出售或赠送来厦的游客及参赛选手。

图5－26　补给

图5－27　回应

图5－28　摄影

艺术是相通的，雕塑是城市文化的重要组成部分。马拉松赛作为一项体育运动，不如说更体现一种精神。正因为如此，厦门市委、市政府才决定在环岛路竖立马拉松雕塑群。雕塑取名“永不止步”，寓意“长长久久，永不停息”，这不仅表达了马拉松赛将年年举办的决心，更喻示着厦门这座城市朝气蓬勃、奋发不止的城市精神。世界上每年有很多马拉松赛，专门为马拉松赛制作雕塑的不多，作品能被奥委会收藏的更少。这两件马拉松雕塑能被奥林匹克博物馆收藏是厦门的骄傲，大大提高了厦门国际马拉松赛的国际影响力，而且在向世界宣传厦门体育的同时还宣传了厦门的艺术，让更多的人通过它们了解厦门，了解中国的艺术，促进中外文化交流。

厦门得天独厚的滨海条件、沿途美丽的风光，为国际马拉松赛的举办提供了有益的景观条件。而赛事的举办，又启发了城市建设和发展的思路，丰富了城市景观，使赛事的影响力得到大幅度拓展，开创了城市经营的新渠道。

【案例】

青岛——帆船之都的打造

青岛是中国帆船运动的发源地，被誉为中国“帆船之都”，同时也是2008年北京奥运会帆船比赛举办城市。由于得天独厚的水域资源，帆船运动在青岛有着良好的基础，帆船运动已经有百年历史。

一、历史回顾

青岛早在1904年就有了德国皇家快艇俱乐部举行帆船比赛的记录，那时的比赛主要是为了娱乐和休闲，但这也将西方的帆船运动带到了青岛。到了20世纪30年代，随着青岛经济的繁荣发展，青岛帆船俱乐部的会员大量增多。1936年，青岛帆船俱乐部举行了市长杯帆船竞赛。1937年开始，青岛还开始了女子帆船比赛。1953年5月4日，青岛建立了中华人民共和国成立后的第一个航海基地——青岛航海俱乐部，并率先开展青少年帆船的普及运动。1959年北京举行了第一届全国运动会，青岛作为北京以外唯一的赛区，承办了有14个省、市、自治区和解放军代表队参加的航海多项竞赛、摩托艇表演赛，对已开展6年的航海运动进行了大检阅。

二、奥运机遇

2003年，北京奥组委帆船委员会成立之初，青岛市政府和奥帆委就已在设想奥运会可以给这座海滨城市带来何种影响，打造“帆船之都”的构想也应运而生。为了迎接奥运会帆船比赛和打造“帆船之都”，青岛市政府把北海船厂整体搬迁到黄岛区的海西湾，并将国际帆船中心建成青岛市独具海上运动特色的建筑区域，充分体现“绿色奥运、科技奥运、人文奥运”的理念，规划和设计达到世界一流水平。

青岛国际帆船中心占地面积约45公顷，坐落于青岛市东部新区浮山湾畔，北海船厂原址，毗邻五四广场和东海路，市内的著名风景点“燕岛秋潮”位于基地内燕儿岛山的东南角，该地依山面海，风景优美。其中场馆区30公顷，赛后开发区15公顷。奥帆比赛所有必备设施全部位于场馆区，其中有奥运分村、运动员中心、行政管理中心、场馆媒体中心和后勤供给与保障中心，总建筑面积约13.8万平方米，另外还有测量大厅，陆域停船区，下水坡道，主、次防波堤，奥运纪念墙等配套设施。青岛国际帆船中心投入使用后，可以承担相应级别、规模的世界级帆船比赛。在兴建奥帆中心、培养帆船专业技术人才等筹备工作之余，他们推出了面向青少年的帆船推广计划，该计划也得到了国家体育总局水上运动管理中心的支持，确定了青岛作为我国帆船运动中心的地位，也为城市运营埋下了伏笔。

借助奥帆赛，青岛着手进行全面规划，进一步改善生态环境，突出“新青岛、新奥运”的主题，充分体现“绿色奥运、科技奥运、人文奥运”的理念，并实现成功举办一届“有特色、高水平”奥帆赛的目标；同时充分利用青岛“山、海、城”浑然一体、人与自然和谐共处的城市特点，做足海上运动的文章，建设亚洲一流、国际先进的海上运动基地，展示了青岛“海上奥运”的特色。

三、续写辉煌

承办2008年奥运会帆船比赛，给青岛这座海滨城市带来巨大影响，使青岛真正被全世界关注。借助赛事，市容更美，环境更好，市民举止更文明。这是奥运会带给青岛的永久性影响。2008年奥运会和残奥会后，青岛国际帆船中心内的比赛设施略作调整，以满足打造“帆船之都”和赛后开发、旅游的需要。

1. 青岛国际帆船周·青岛国际海洋节树立品牌

创办于2009年的青岛国际帆船周，为传承奥运精神，推动帆船运动发展，提升青岛“帆船之都”城市品牌的国际知名度和影响力发挥了重要作用。青岛国际海洋节作为青岛市的重要节庆品牌，始创于1995年，以“拥抱海洋世纪，共铸蓝色辉煌”为主题，以保护海洋、合理开发利用海洋资源和实现人类经济与社会可持续发展为目标、在倡导科技创新、发展海洋经济和国际间友好合作等方面做出了积极不懈的努力。从2014年起，青岛将这两个海洋的节日合力举办，彰显蓝色经济、海上运动、海洋旅游、海洋科技、节能环保于一体的节会理念。青岛国际帆船周·青岛国际海洋节主打“名牌”战略，突出国际性、开放性和参与性，推出国际奥帆文化交流、国际帆船赛事两大核心板块，涵盖帆船普及、帆船产业、海洋科技、青少年帆船交流、旅游商贸休闲等特色内容，将帆船运动的普及与提高、体育产业发展融为一体，成为海洋节中的精品活动。

2. 游艇俱乐部吸引高消费群体

在青岛沿海一带规划兴建的银海国际游艇俱乐部、极地世界国际游艇俱乐部、流清河国际游艇俱乐部、唐岛湾国际游艇俱乐部等吸引了大批国内外高消费人群，为游艇及海上休闲设施带来了无限商机。

3. 引进著名赛事

青岛还相继引进了“克利伯”环球帆船赛、沃尔沃环球帆船赛等国际著名帆

船赛事，加强与国际帆船运动界的交流，使青岛帆船运动的整体水平达了一个新的高度。

4. 连续四届举办世界杯帆船赛分赛站

继 2013、2014 两届世界杯帆船赛成功举办之后，青岛再次成功申办 2015、2016 赛季世界杯帆船赛分赛站。国际帆联世界杯帆船赛是国际帆船联合会年度重要赛事之一，系奥运级别帆船赛事，项目设置与奥运会帆船赛一致。比赛结果计入参赛选手在国际帆联的个人积分，作为除世界帆船锦标赛之外的 25% 奥运会参赛资格的分配参考。对于参加 2016 年里约奥运会的帆船选手来说，在青岛举行的世界杯帆船赛意义重大。

2013 年 10 月，青岛成功举办了亚洲第一个世界杯帆船赛分站赛，成为与世界知名帆船城市齐名的世界杯帆船赛举办地，这也使该项赛事成为名副其实的全球化赛事 。这届比赛共设置 6 个奥运会帆船比赛项目，来自 24 个国家和地区的近百条船（板）、100 余名运动员参加了比赛，中国队获得 2 枚金枚、2 银牌和 1 枚铜牌。

2014 年 10 月，青岛再次成功举办了世界杯帆船赛分站赛，比赛项目设置与 2013 年相同，共有来自 21 个国家和地区的近 150 条船（板）、近 200 名运动员参加比赛，中国队共获得了 3 枚金牌、2 枚银牌和 2 枚铜牌。两届世界杯帆船赛分站赛在青岛成功举办，各项筹办工作得到了国际帆联、中帆协和社会各界及各参赛运动队的充分肯定和高度评价，使青岛作为中国“帆船之都”的美誉传遍全球。

世界杯帆船赛作为国际帆联奥运级别赛事，对于申办城市设置了极高的准入门槛，其申办难度系数堪比奥运标准。而青岛借助曾成功举办两届世界杯帆船赛的经验，于 2014 年 11 月 6 日，从上海、三亚、马来西亚卡威、韩国釜山等众多申办城市中脱颖而出，成功申办 2015、2016 赛季世界杯帆船赛分赛站，比肩德国基尔、美国迈阿密等世界帆船运动名城。

借助赛事影响力和不断积累的赛事文化遗产及可持续发展的思路，不仅巩固了“帆船之都”的地位，而且奠定了青岛的特色发展之路，为青岛这座城市增加了独有的魅力。同时，正是因为青岛这座城市的无限魅力和帆船赛事在提升城市知名度、引领城市发展潮流方面具有的重要意义，使帆船赛事成为推广城市形象、代言青岛的一张亮丽名片。

问 题

1. 青岛市政府借助奥运帆船比赛打造“帆船之都”的理念是如何实施的?
2. 分析青岛举行的一系列帆船赛事对城市发展的影响。

思考与讨论

1. 临时性体育赛事景观的概念，包括哪些内容?
2. 简述体育赛事标识的主要内容。
3. 体育赛事形象景观的概念。
4. 试述体育赛事景观要素。
5. 试述体育赛事景观环境策划要点。
6. 景观体育的概念。
7. 以厦门国际马拉松赛为例，分析景观体育的特征及开展条件。

第六章　体育公园景观环境

【内容提要】 通过本章的学习，了解体育公园的概念和分类，理解体育公园景观设施的类型及规划要点，体育景观小品的功能和要素，体育公园各功能分区景观规划内容，掌握体育标识的策划设计方法。

体育公园是运动和绿色的有机结合，通过对体育设施及周边环境的建设，既能有效缓解大众体育场地设施的不足，又为城市增添一分绿色空间，承担起保护生态环境、提高身体健康水平的重任。体育公园作为城市体系的重要组成部分，是城市物质精神文明的集中体现，也是城市现代文化的重要标志。

第一节　体育公园景观环境概述

体育公园是主题公园的一种类型，其建设在我国起步较晚，是伴随着人们对绿色体育环境的迫切需求和国家对生态环境的日益重视而逐步发展起来的。体育公园把体育健身场地和生态园林环境巧妙地融为一体，是体育锻炼、健身休闲的公共场所。

一、体育公园的历史沿革

自古以来，体育活动与绿化就有着密切的关系。古希腊人认为：只有在自然环境中进行体育锻炼，才能对人的智慧和身体发育产生有益的作用和影响。早期，人们将运动场地建在大片绿地附近或直接建在草地上，后来逐渐发展到从建筑密集的城市中心规划出一小块土地，设置体育运动设施，供居民在自然环境中进行户外游憩。

现代体育公园的概念在国际上是20世纪90年代提出的。而实际上，发达国家在20世纪三四十年代就已经开始尝试建设体育公园，并在欧洲形成了一定的规模。

二、体育公园的概念

体育公园的概念经历了一个发展演变的过程。美国、加拿大等北美国家最初在城市中设立公园，意图把乡村的风景引入城市，美化城市的环境，让公园成为城市的呼吸空间。早期的公园仅提供观赏类的被动娱乐，人们不能在公园里玩耍、游戏和运动，不允许在草地上行走或躺在草地上。后来在1900年前后，在最初设计的休憩公园里，开始出现游乐场、室外体操场、运动场及其他运动设施。这样将自然景观与体育设施组合在一起的方式成为市立公园及休闲系统的新概念。以后逐步发展了各种以运动游憩为主的公园。

随后，体育公园的概念于20世纪末在欧美国家逐步发展，兼有带动本地经济与增加居民运动健身的双重功能。相关专家认为，体育公园设在景色如画的园林空间中，它的体育设施、运动场及在这些场地所举办的体育系列训练活动、体育表演和竞技比赛及保健活动，能够更好地吸引城市居民来此休息、运动。在《世界公园》（戈罗霍夫，伦茨，1992）一书中，体育公园被这样定义：体育公园设在景色如画的园林空间中，它的体育设施、运动场地以及在这些场地所举办的体育系统训练活动、体育表演和竞技比赛及保健活动，吸引着城市居民去进行积极性的休息。

国内最早在《城市园林绿地规划》（丁文魁，1992）中提到，“体育公园是一

种特殊的城市公园，既具有符合一定技术标准的体育运动设施，又有较充分的绿化布置。主要进行各类体育运动比赛和练习使用，同时可供运动员及群众休息游憩”。

根据建设部城建司1994年印发的“全国城市公园情况表”和有关资料反映，我国现有公园类型比较多，但却没有一个完整的城市公园分类系统。这其中关于体育公园的定义为：以突出开展体育活动，如游泳、划船、球类、体操等为主的公园。并具有较多的体育活动场地及符合技术标准的设施。该类公园应保证绿地与体育场的平衡发展。

根据1995年农业出版社出版的《园林规划设计》，对体育公园的定义为：是特殊的城镇公园，一般由各级体育部门负责经营管理，或与园林部门共同养护管理，既有体育运动设施，又充分绿化布置；既可以进行各种体育活动，又可以供群众游览休息。

《城市绿地分类标准》（CJJ/T85—2017）中，体育公园被划分为专类公园的一种。因此，体育公园的定义也产生了相应的调整——体育公园是在大面积园林绿地中，设置体育场馆，以及文教、服务建筑供市民进行体育锻炼、游览休憩或供体育竞技比赛活动的专类公园。体育公园一般包括体育竞技、体育休闲和医疗体育三部分。

综上所述，根据体育公园功能的发展，体育公园的定义为：是将优美的环境与较为完备的体育运动设施相结合，集丰富的自然景观、体育设施和休闲设施于一体，供人们体育锻炼、休闲游憩并兼具赛事举办的多功能、复合型、敞开式的主题公园。

三、体育公园的分类

随着体育公园的不断发展，其类型也呈现多元化。常见的分类标准主要有以下4类。

（一）按照性质划分

1. 为承接国内外大型体育赛事而建立的体育公园

此类型体育公园最显著特征是拥有较大占地面积和多个大型体育活动场馆，进行比赛时，为运动员提供专业比赛场地和舒适绿色活动空间。平时对游人开放，是作为参观、展览、休闲和进行体育锻炼的活动场所。

2. 体育中心或体育场馆改建而成的体育公园

此类型体育公园主要是为了提高体育中心与周边区域的使用率改建而成的。这种方法在我国比较常见，可有效节约建设体育公园的成本，能更好地服务周边区域居民。

3. 为大众体育健身而建设的体育公园

此类型体育公园面积相对来说较小，距离人们的生活环境较近，其最大特点是使用率较高，一般设在居住小区的附近。

（二）按照使用功能划分

1. 以体育训练为主的体育公园

此类型体育公园的主要服务对象是从事竞技体育的专业人士，主要为他们提供完备的专业体育训练场地和专业体育设施，同时具有一定的娱乐功能，一般不对外开放。

2. 以体育医疗为主体的体育公园

此类型体育公园主要提供优美的环境和完善的设施，为人们的疗养保健提供足够的支持，此类型公园常出现在一些疗养院或敬老院之中。

（三）按照服务半径划分

1. 全民健身基地

此类型体育公园辐射面积和影响范围最大，服务半径为全国乃至世界。可利用当地优势环境资源形成具有特色的旅游资源，将这种资源与旅游、健身、体育相结合，成为国家级健身基地。

2. 市级体育公园

此类型体育公园服务半径在2 000～3 000米，面积一般在20～100公顷。市级综合型体育公园，为市民提供体育休闲活动的场所，同时可承办大型体育赛事。公园内配有较为完善的体育活动设施、体育活动场地、体育馆等。大城市可以依据服务区域人口的需要设置多个，中小城市可以建议设置1个或2个。

3. 区级体育公园

此类型体育公园服务半径在1 000～1 500米，面积一般在10～20公顷。区级体育公园是为城市某一区域范围内居民提供体育活动健身和休闲服务，能够提供较为丰富的体育活动器械和相对完善的场地、绿地，可举办区级体育活动赛事。

（四）按照年龄段划分

体育公园按年龄段可分为以少儿活动为主体的体育公园，以青年活动为主体的体育公园，以开展老年体育活动为主体的体育公园等。

本章主要阐述为满足大众体育健身需求，同时兼顾相应赛事而建设的体育公园景观环境建设。

四、体育公园景观环境建设原则

体育公园是区域整体景观环境的有机组成部分，应保持整体景观特色的延续性和协调性。因此，对体育公园景观环境规划时，应根据功能分区，在分析各区域关系的基础上，确定体育景观环境的基本结构，并注意景观环境对运动区的引导作用，同时，确定色彩体系。每个地区都有自己长期以来形成的文化积淀，这是区域历史的传承、特色的体现。体育景观环境只有融入其中，才能得到社会成员的认同，并发挥出应有的作用，这是其内涵的体现。

（一）构建区域之间的分隔与联系

体育活动区域是有区域限制的，合理划分功能区域并充分利用它们之间的隔

断，可以提高资源利用率，同时，也能够为各种活动提供便利。例如，可以用田径场围墙做排球和网球练习墙，排球场围网以肋木替代等（图6－1）。肋木上可设计体育宣传画，网球墙上可书写宣传标语，以传播体育相关信息，使体育设施本身就是一道亮丽的景观。还可以用园林绿化设施作为隔离工具，既达到隔而不分的目的，又体现了体育公园的特点。

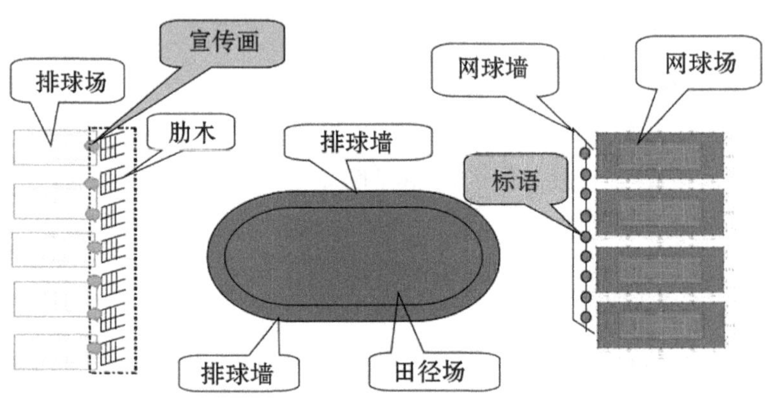

图6－1　功能区域分隔与联系

（二）利用自然环境

自然环境是体育公园建设的基础。区域内的地形地貌和绿地，各区域之间的空地及绿化带等，都是体育景观环境建设时可供利用的资源条件，以便达到体育园林化的效果，产生文化环境与自然环境水乳交融的意境。

（三）规划宣传体系

宣传体系的构建是提高体育公园景观环境层次和品位的有效手段，它包括硬体设施布局和软体内容设计。硬体设施布局主要包括广播设备的位置、宣传栏的样式及位置、宣传横幅预留位置、网线铺设等。软体内容如图6－2所示。宣传体系是精神文化建设的重要内容。

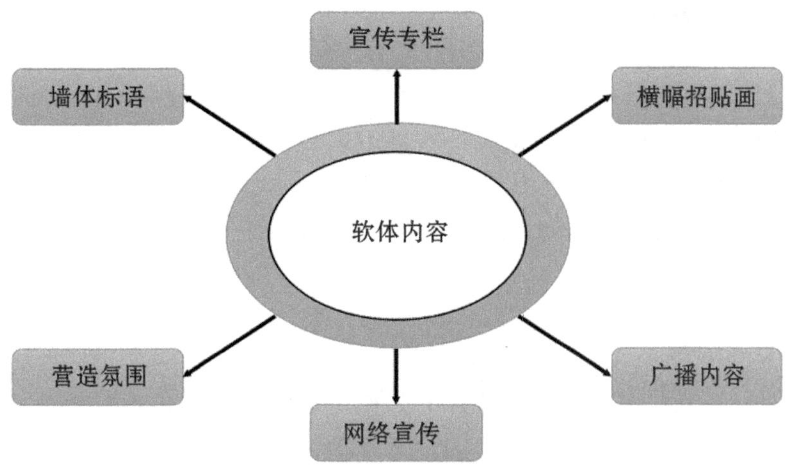

图6－2　软体策划内容

软体内容寓于硬体设施中，是对硬体设施的有效开发和利用，丰富着硬体设施的文化内涵，并与硬体设施共同构成了体育场馆人文景观。图6－3为利用网球墙使“每天锻炼一小时，健康工作五十年，幸福生活一辈子”的理念深入人心。蓝色标语不仅赋予水泥练习墙以活力，同时也体现了设计者以人为本的设计思想，构成了一道生动的人文景观。

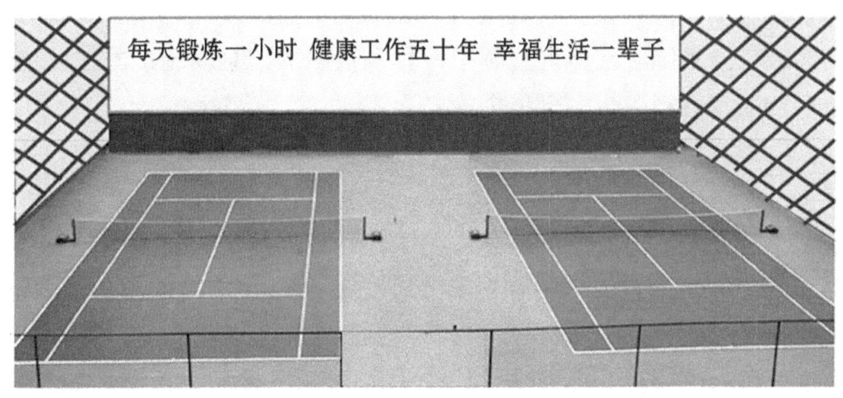

图6－3　网球墙上的标语

（四）完善公共设施

公共设施是体育景观环境中的基础设施系统，也是保障优良的健身质量、优美的体育环境所必备的条件，应注重对城市现有公建配套设施的利用。体育公园的主要服务群体是城市居民，更应考虑到他们的年龄差异、健康状况及残疾人群的需求等，使公用设施尽可能功能齐全。

第二节　体育公园景观设施

体育公园景观设施主要包括信息设施、卫生设施、交通设施、休息设施、游乐设施等，这些设施既保证了公园内健身群体的健身质量，又营造了公园独特的景观设施环境。

一、信息设施

信息设施包括以传达视觉信息为主题的标志设施和广告系统，以传递听觉信息为主的声音传播系统。在体育公园中，日常接触的信息设施形式主要有：标识、音响设备、道路及灯箱广告、宣传栏等。

（一）标　识

标识是信息设施的重要组成部分，在体育景观环境设施建设中具有重要作用。它具有显著的记号作用和通俗易懂的特点，往往通过文字、图示等形式予以传达信息及表示区域、场所的名称。文字标识的特点是规范且准确；图示具有直观、易于理解、无语言文字障碍等优点，如方位导游图，采用平面图、照片加简单文字构成，引导人们认识不同的体育区域。体育景观环境设施中的标识包括体育场所位置的导向标识、引导方向的指示标识、交通标识、警示标识等。图 6－4、图

6－5 是重庆石子山体育公园的位置标识和指示标识，运动瞬间的图形风格统一，材质相同，造型相似。

(1)

(2)

图 6－4　位置标识

图 6－5　指示标识

标识的设计要点包括 4 个方面。

（1）标识的材料、质感、比例、尺度、色彩及所显示的信息等方面均要与周边环境有机结合，要注意与周围环境空间之间的相互关系，不可各行其是。

（2）传达信息简明扼要，能给人以明确信息的视觉效果。在设计时，应首先抓住与人的感知和记忆关联度大的特征，如项目图标等，使其具有良好的视觉印象，易于识别和记忆。

（3）标识要求坚固、经济、易加工，同时，要符合当地环境设施规划的具体要求。

（4）设置地点的合理性。标识在体育景观设施中的位置设置十分关键，设置地点的易见度要高，如在体育建筑出入口、空间转折点或道路交叉口及其他人流集中的体育场所等，可以充分发挥公共信息标识的传递媒介作用。

（5）标识的图案应突出体育元素和地域文化元素。

（二）音响设备

为烘托场地气氛和易于传声，在室外环境中常设有音响设备，来提供背景音乐和传播体育信息。此类设施遍布体育场地，且种类繁多，若不加以规划设计，将影响体育环境景观的整体效果。音响设备的设计与设置可结合建筑小品、绿化等设施，使其尽量隐蔽布置，形成只闻其声、不见其形的效果(图6－6)。

图6－6　草坪石音箱

（三）道路及灯箱广告

随着体育赛事的举办及体育场馆空间的多义性，广告已成为不可或缺的环境设施。广告的形式主要有道路广告、灯箱广告和场地广告。

1. 道路广告

道路广告是设置在体育建筑外的道路两侧，传达公共信息的立体形态广告设施。主要以宣传和推销商品为目的，通常制作成大幅画面安装在特制的框架上，并配以灯光照明。由于路牌广告具有色彩鲜艳、立体感强等特点，易于被人们接受，备受人们青睐。但是，对其的设计与安放应有宏观的把握与定位，避免破坏环境。

2. 灯箱广告

灯箱广告主要是在夜间以展示商品或信息的一种传播工具，由灯具、箱体和画面3部分组成。灯箱广告在夜晚能够增添艳丽的色彩，引起过往行人的兴趣和注意力，同时，还为夜间行走提供方便。

灯箱广告按功能分为招牌型、装饰型和广告型3类。灯箱广告在城市体育环境中非常普遍，设计时，一定要充分考虑与周边环境的协调及日后的安全、维护等因素。

3. 场地广告

场地广告主要设置在场地四周，以赛事广告为主，为赞助商宣传产品信息。也有放置在体育场周边上方，多为长期广告。

二、卫生设施

卫生设施主要是为了保持体育景观环境卫生而设置的专门性功能设施。其主要包括：垃圾箱、饮水器、排水井、卫生间等。

（一）垃圾箱

垃圾箱是为保持公共活动场所的清洁卫生而设置的，也是一个城市文明程度和居民文化素养的标志。它直接关系体育场地的环境质量和人们的健康水平，一般设在道路两侧和人群驻足集中之处。

垃圾箱的设计要点有以下几个方面。

（1）结构设计要坚固合理，既要保证投放、收取垃圾方便，又要防止垃圾被风吹散。在户外因易积留雨水，垃圾易腐烂，所以箱下部要设排水孔，以便排水通风。

（2）应选用抗腐蚀、耐酸耐碱、防冻耐热、抗紫外线、不易褪色、易清洗的材料。

（3）有独特的外形设计，在满足基本功能的基础上，其造型体现体育的特点，如川投国际网球中心（图6－7）。垃圾箱的设计已经不仅是保持环境整洁，为人们提供使用的方便，还要造型独特，构思巧妙，造型、色彩充分考虑周边环境的景观效果，将体育赛事形象、体育环境特征融入其中；设置间距根据人流量和活动空间密度，一般在30～50米。

图6－7　网球拍型垃圾箱

（4）随着社会公众环保意识的加强，各国对垃圾回收都做了分类处理要求，从而出现了分类垃圾箱形式。常采用不同的标识和色彩划分不同垃圾的投放，如一般以绿色代表可回收垃圾；黄色代表不可回收垃圾；红色代表有毒垃圾等。体育景观环境本身强调生态环境的可持续性，在垃圾箱的细部设计方面更应体现对健身活动者的潜移默化的环境影响。

（二）饮水器

图6－8　饮水器

饮水器在体育景观中具有使用与装饰双重功能。锻炼中的人群会大量出汗，容易失水，所以饮水器的设置非常必要。不仅方便人们的户外饮用或洗涤，还提升了人们的健康质量，充分体现了以人为本的设计思想。饮水器多设于大型运动公园、体育中心等人流集中和赛事层次高、观赛人数多的场所（图6－8）。

饮水器的设计要点有以下几个方面。

（1）饮水器的造型尺度依据人体活动幅度确定。要考虑残疾人、老人和儿童的不同使用要求，需配备不同高度的饮水口。

（2）饮水器的结构应具有较强的抗倾覆能力和防冻能力。

（3）饮水器的外观形态多采用方、圆及其相互组合的几何形体，也可以象征形象出现，增添环境的趣味与美感。

（4）饮水器应设在易于供水和排水的场所。

（三）排水井

排水井是一种设置在地面上用于排水的装置，其形式多种多样。如排水沟采用有组织的暗渠排水，可在排水沟上设置不锈钢雨水篦，与地面铺装形成质感对比，或采用明沟排水方式，在用材上应与地面铺装相结合。

随着城市的现代化进程，很多管道、线路等设施逐渐由地上转向地下，这样便出现了路面井盖。由于这些井盖由不同部门、单位自行安装，大小、材料、形态各不相同，配置又缺少秩序化，以致道路地面显得杂乱无章。为使井盖设施能与地面其他设施相互协调，对井盖规格、造型的统一安排与设计，就显得格外重要。

在设计时，井盖的形状、图案和色彩可以设计成地面景观，成为铺装造景的新元素。井盖的外形不仅仅限于正圆形，在不同的环境中，根据所处位置可以设计

出多种多样的轮廓，如椭圆形、星形、不规则多边形等。在井盖上喷绘图案也是使井盖成为景观的普遍手法，井盖图案可以选择不同的体育题材，比如体育五环标识、运动会会徽、吉祥物等（图6－9）。井盖可以利用不同材料铺面的方式营造景观，弱化各类检查井对整体景观的影响，可选用的材料有塑料草坪、花岗岩板等各类石材。对于各种检查井，还可以利用其他手法加以隐藏。

图6－9　会徽图案预制井盖

三、交通设施

体育景观环境中，交通设施是多种多样的，主要为人们提供行动的便利。其包括：出入口、通道、台阶、坡道、道路护栏、自行车停放点、停车场等。它们不仅能改善体育空间交通环境的质量，还可以在细节处理上体现对人的关注，塑造体育环境的活力。

（一）台阶与坡道

在体育空间环境中，由于地势原因或功能需要，常常要改变地平面的高差。台阶与坡道是连接地面高差的主要交通设施，其主要功能是使行人从一个高度顺利转移到另一个高度，同时也产生丰富与变化的景观视线。体育公园兼有运动与休闲的功能，大型活动时，人流量大，台阶坡度应缓，且台阶还兼有多义性空间的座椅功能。广西南宁李宁体育公园广场空间的台阶（图6－10），既考虑了硬质铺装与软质铺装的结合，降低台阶高差，同时也兼作广场活动时的座椅。

图 6－10　南宁李宁体育公园的台阶设计

台阶与坡道的设计要点有以下几个方面。

（1）室外台阶比室内台阶在体量上应稍大一点，但要做得较宽阔而平缓。

（2）台阶应采用抗冻性能好和表面结实耐磨的材料，如混凝土、天然石、缸砖等。

（3）对于踏面高度（b）与踢面高度（h）之间的关系来说，一般原则是 2h + b = 60 ~ 70 厘米。一般来说，室外踏面宽度不宜小于 30 厘米，踢面最小高度不宜小于 10 厘米，最大高度为 16.5 厘米。室外空间中的台阶，若适当降低踏板高度，加宽踏板，可提高台阶的使用舒适性。

（4）一组台阶的踢面高度应保持一个常数。一组台阶最少应有 2 ~ 3 个踏步，最多不应超过 18 级，踏步数太少不易感觉高差的变化。行走地面的高度变化要显而易见，才能使行人有时间调整自己的步伐和落脚点。

（5）较长的台阶或者需要改变攀登方向的台阶，为了安全，应在中间设置休息平台，通常平台的深度为 1.5 米左右，具体情况视人流而定，平台深度应大于等于梯段宽度。

（6）在公共场所，一组台阶至少应配置一根扶栏，扶栏高度应不小于 1.1 米。踏板应设置 1% 左右的排水坡度。踏面应做防滑处理。落差大的台阶，为避免降雨时雨水自台阶上瀑布般跌落，应在台阶两端设置排水沟。

在体育景观环境中，为了保证锻炼的安全性，尽量避免使用连续的台阶，而以坡道替代。

（二）停车场

随着我国社会经济的发展，汽车产业发展迅速，私家车的数量与日俱增，停车问题也伴随参加体育锻炼人数的增加，开始被人们所关注。

停车场的设计要点有以下几个方面。

（1）停车场的车流组织非常重要，入口及出口的布局应合理，保证车流进出方便；绿化、照明设施等应安排在距车位线 1 米以外的位置，以免妨碍车辆出入。

（2）停车场的地面一般采用硬质地面，花岗石板和陶瓷广场地砖，也可采用混凝土地面或铺设具有生态效果的植草砖地面，可软化生硬的停车场地。

（3）在停车场内进行适当的绿化植树，既可以美化环境，又可形成树荫，同时避免停放车辆内部温度过高。

（三）自行车停放点

自行车是人们出行重要的交通工具。当锻炼场地不算太远时，自行车便成为代步工具。因此，在体育空间环境中，应考虑设置一定面积的自行车停放处。自行车的存放设施不仅要考虑功能，更要体现效益，充分考虑一定面积内的停放利用率。自行车的存放可采用单侧式、双侧式等（图 6－11）。

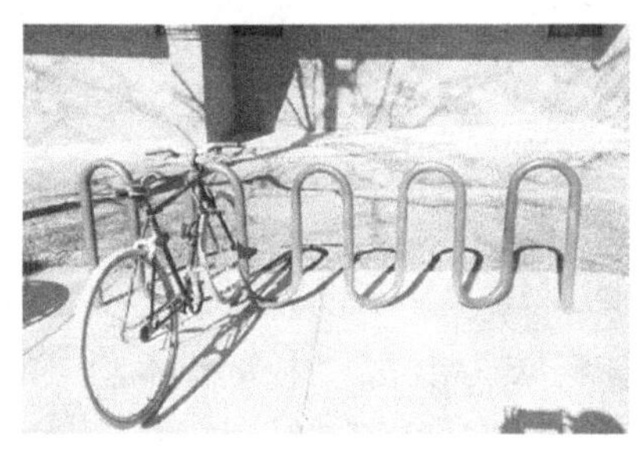

（1）

（2）

图 6－11　自行车停放点

自行车停放点的设计要点有以下几个方面。

（1）有车棚的停放点，其高度以成人可以自由进出为准，一般为1.8米以上。

（2）除车棚外，还应配备照明设施，并可在地面铺设碎石，指示标志等辅助设施。

（3）停放点的地面，最好选择不易受热变形的路面，如混凝土、天然石等。在做雨水排放设计时，使顶棚上排下来的雨水直接渗入地下。

（四）道路护栏

图6－12　木护栏

在体育空间环境中，为了提高人们的安全意识，分隔人行、车行空间，常会设置一些示意功能较强的道路分隔设施。防护栏杆可以防止行人随意跨越禁止区域，以达到完全分隔的效果，并且装饰了整体环境。防护栏杆常用的材料有铸铁、不锈钢、混凝土、木材及石材等（图6－12）。

四、休息设施

休息设施直接服务于人，体现了对人的关怀，也是体育景观环境中利用率较高的设施之一。休息设施的设置充分体现了社会对人们的关爱，有利于人们之间的相互沟通。休息设施的形式主要有凳、椅、休息廊等。

（一）座　椅

座椅可以供人们休息、交流、读书等，使用率高，其不仅有很强的实用功能，而且也是体育景观的重要要素。座椅的制作材料较为丰富，主要有木材、石材、混凝土、仿石材料、金属、陶瓷、塑胶等，可根据其使用功能要求和具体空间环境来选用相匹配的材料和工艺。

座椅的设计要点有以下几个方面。

（1）设计时，要考虑人在运动环境中的活动规律和心理习惯。因人受空间环境的影响，其设置的位置、造型、数量、朝向等都会引起不同的心理感受，并因

此影响人们的行为目的。

（2）座椅配置地点要合理，应避免设置在阴暗地、陡坡地、穿堂风强的场所及对人出入有妨碍的地方。

（3）座椅要坚固耐用，不宜损坏、积尘、积水。炎热地带应尽量设在树下、墙体等遮阴处（图6－13）。

图6－13　座椅与树池

（4）座椅设计应符合人体生理角度，大小一般以满足1～3人使用为宜，可根据使用要求与人体数据略有不同。

（5）座椅面层所用材料以木制材料为宜。

（6）座椅设置要注意行为的满足和限制。

（二）休息廊

廊是园林中联系建筑与建筑之间的通道，它不但可以遮阳避雨，还像一条风景导游线，可以供游人透过柱子之间的空间观赏风景，有曲径通幽之妙。休息设施与廊架结合，降低了天气的影响，能够提高休息设施的使用率，并使多种景观要素相互融合。休息廊设于体育场地之间，还能起到联通和隔离的作用。

五、游乐设施

游乐设施主要是针对儿童设置，包括沙坑、滑梯、秋千、攀登架等。目前常用的是多功能游乐设施，安装在沙地和塑胶面层上（图6－14、图6－15），以降低接触地面时的冲击力，避免运动伤害。

图 6－14　塑胶面层上的游乐设施
（三亚凤凰岛）

图 6－15　沙坑内的游乐设施
（琼海银海路）

（一）游乐设施类型

1. 沙　坑

在儿童游戏中，沙坑是比较常见的游戏设施，松软的沙坑也为儿童活动提供了很好的安全保障。沙坑深度以 40～45 厘米为宜，配置经过冲洗的精制细沙，为防止水土流失，坑沿可用木制或橡胶缘石进行加固。其选址宜在向阳处，并应定期更换沙料。

2. 滑　梯

滑梯是一种结合攀登、下滑两种运动方式的游戏器械。通常滑梯的宽度为 40 厘米左右，两侧立缘为 18 厘米左右，滑梯末端承接板的高度应以儿童双脚安全着地为宜，且着地部分宜为软质地面。滑梯的材料宜选用平滑、环保、隔热的材质。在滑梯周围要设置防护设施，以免儿童摔下受伤。

3. 秋　千

随着各种现代体育项目的兴起，秋千运动除在少数地区仍广为流行外，在我国大部分地区已成为儿童的专项活动。荡秋千不仅可以增进健康，而且可以培养勇敢精神，是儿童所喜爱的一项活动。

4. 攀登架

攀登架主要锻炼儿童的平衡能力和攀爬能力。它用木材或钢管组接而成，常用攀登架每段高 0.5 ~0.6 米，由 4 ~5 段组成框架，总高约 2.5 米。攀登架可设计成梯子形、圆柱形或动物造型，从而在视觉上吸引儿童。

（二）设计要点

（1）掌握儿童的心理特征和认知水平，激发儿童自发进行创造性游戏的积极性。

（2）由于儿童游乐设施色彩突出、造型活泼，故儿童游乐设施要有专门的场地分区。周边需设置一定的休息设施，以供成人的看护之用。图 6 – 16 是位于新疆伊宁那拉提花海中的彩虹滑梯，缤纷的色彩使滑梯成为视觉中的焦点，登上顶端仿若置身彩虹之巅，色彩与花海相协调（图 6 – 17），成为花海中的一面旗帜。而滑梯难度的差异化设计，亦考虑了不同年龄段人群的需要，为游客提供了多样化的选择。

图 6 – 16　彩虹滑梯

图 6 – 17　那拉提花海

（3）地面铺装宜采用质地柔软、施工简单、色彩丰富艳丽的铺设材料。

（4）要考虑游乐设施的造型、结构、材料应保证儿童的安全，多使用天然材料。同时，要便于维护和管理。

第三节　体育景观小品

体育景观小品是指体育场馆区域中供休息、装饰、照明、展示和为方便园林管理及游人使用的小型建筑设施，是体育景观的重要元素之一。景观小品是体育景观环境的附属设施，在彰显自身特点的同时，必须与环境协调、融合。构思新颖、富有情趣、精致小巧的景观小品能给人以强烈的印象，使人触景生情、流连忘返。雕塑、标识、休闲设施等是体育公园不可或缺的景观小品，在满足使用功能的前提下，应注意其外形设计和色彩搭配。

一、体育景观小品的功能

景观小品是面向大众的艺术品，其功能与大众需求密不可分，并对社会发展、区域环境产生积极的影响。其功能主要有以下几点。

（一）美化环境功能

景观设施及小品的艺术特性与审美效果，加强了景观环境的艺术氛围，创造了美的环境。通过这些艺术品和设施的设计来表现景观主题，可以引起人们对环境和生态以及各种社会问题的关注，产生一定的社会文化意义，改良景观的生态环境，提高环境艺术品位和思想境界，提升整体运动环境品质。

（二）标示区域功能

优秀的景观设施与小品具有特定区域的特征，是该地区文化历史、民风民情及发展轨迹的反映。通过这些景观中的设施与小品可以提高区域的识别性。

（三）实用功能

景观设施的主要目的就是给游人提供在景观活动中所需要的生理、心理等各方面的服务，如满足休息、照明、观赏、导向、交通、健身等需求。

二、体育景观小品的基本要素

景观小品主要包括门、亭、廊、架、柱、围墙、步行桥和室内小品。

（一）门

门是建筑物中不可或缺的部分。主要用于交通和疏散，同时，也起采光和通风作用。门的尺寸、位置、开启方式和立面形式，应考虑人流疏散、安全防火、家具设备的搬运安装及建筑艺术等方面的要求综合确定。在体育公园中，门不仅是环境设施的重要组成部分，还具有标示区域的功能，在门的设计中，可以应用多种景观要素，使其成为体育空间环境的视觉中心（图6－18）。

图6－18 体育公园大门

（1）门的形象影响着整个环境的风格，门的尺度应考虑人体尺度和空间环境的尺度，符合具体的功能要求，做到视觉上的安全感和平衡感。

（2）门的规划设计要结合所处位置和所在区域的历史、社会、文化特征，注重在体量、造型、色彩、材料等方面反映区域特点，与环境和谐统一。

（3）大门的设计要有独特的构思、新颖的创意、富有个性的标识化形象。

（4）在考虑大门建筑形式的同时，也要对它的实用功能进行分析，如满足车辆行驶需求，门灯、门牌等细节功能的位置和形式等。

（二）亭

图6－19　亭子

体育环境中的亭，类似于居住社区中的亭，但是不同于传统园林中的亭子。多采用现代材料制作、工期短、费用低，加之式样更加抽象化、色彩对比大胆、极富现代感，成为景观小品，既可供人休息，又可点缀运动环境（图6－19）。

亭的设计要点有以下几个方面。

（1）亭一般由基座、亭柱、亭顶3部分组成。由于亭内会有阴影，地面不宜种植草皮。在亭子内部需设置可供休息的座椅或栏椅等附设物。

（2）亭柱是亭的承重构件，构造材料有木材、砖石、竹竿、金属材料和混凝土等；形式有方柱、圆柱、多角柱等。设计时，其尺度和亭的艺术造型相结合，尽可能利用当地自然材料，方便、经济。

（3）亭顶由支撑结构和覆盖材料组成，由于亭顶处在观赏视线之上，设计时应考虑支撑结构的造型、色彩等，要进行艺术处理。

（4）细部设计是体现亭的具体性格特征的重要手段，良好的比例、体量、色彩等要素是亭子设计成败的关键。

（三）廊

廊是为满足休息、游览、通行、分隔、联系等而设置的空间设施。

廊的设计要点有以下几个方面。

（1）廊的设置位置比较灵活，主要以满足人们通行为原则，在室外的体育空间中宜设在人流密集的地方，如水边、绿地、平台、通道等地。

（2）廊在体育空间环境中，有联系、分隔空间、平衡构图之用，其艺术功能往往大于实际功能，可作为整体环境的视觉中心（图6－20）。

（3）廊也是由柱、顶组成，但其顶的装饰意义往往大于实际意义。廊的材料可分为木材、金属板、砖石、混凝土、玻璃、复合材料等。

图6－20 廊道

（四）架与柱

架与柱在体育空间环境中，同样也是起到满足人们休息、通行、限定、联系空间之用，更有美化、点缀环境之用。

架与廊的区别在于顶部的封闭程度，架具有顶但为透空，其装饰性更强，常常与攀缘植物结合而形成立体绿化，形成独特的空间性格。

柱脱离建筑实体，从承重构件中解脱出来，依所处的空间大小和性质，主要起到装饰和延续空间的作用，并体现一定的传统文脉。在现代城市空间环境中，还结合灯光等增加空间层次。

（五）围 墙

在体育空间环境中，为了获得安全感，会考虑设置分隔、围护设施。围墙是限定空间的重要因素之一，在使用功能上起到防卫、分隔的安全作用。随着空间功能的变化和设计理念的进步，围墙在设计中除了必须具备实用功能外，应更加注重其美化和装饰环境的功能，突出其在视觉上的艺术效果，对改善体育空间景观起到更大的作用。

1. 主要分类

（1）围墙的形式很多，从分隔空间的角度来归纳，其主要分为封闭型、开放型、半开放型和景观墙体4种。

（2）按材料来分，围墙有混凝土墙、预制混凝土砌块墙、砖砌块围墙、花砖

墙、石面墙、铁制围墙、木制围墙、竹制围墙等。

2. 设计要点

（1）围墙必须具有一定的稳固性。影响稳固性的因素有砌体、高厚比、地基沉降、墙面接缝、水侵蚀、墙体材料及组合方式等。

（2）围墙既是体育空间环境设施，又是一种硬质景观，可与花坛、山石、雕塑、水景等其他景观结合形成景观焦点。

（3）室外装饰材料都可以应用到围墙设计中，选用的材质搭配和细节处理，往往产生不同的视觉感观和设计风格。

（六）步行桥

体育空间环境中的步行桥主要指供人步行游览的桥，也称作园桥或景桥（图6－21），起到联系交通、贯通空间之用。

步行桥的设计要点有以下几个方面。

图6－21　步行桥

（1）在城市体育空间环境中，步行桥的观赏价值远远大于使用价值，在大水体中可起到分隔水域、丰富空间的作用。

（2）步行桥的形式应与其所处地形环境相结合。例如，在水面较小的池塘处设置低平小桥，以便使人能亲和水体；水面广阔平淡处，设置穹桥，形成空间渗透，增加层次感。

（3）作为体育景观设施之一，步行桥在造型、色彩设计上可丰富明快、大胆变化。

三、体育景观小品的分类

景观小品是体现景观装饰性和生动性的重要构成因素，是体育景观中的艺术品。景观小品一方面要满足功能要求，另一方面要体现形式美，与景观环境整体风格相协调。体育景观环境中的景观小品，根据其功能可划分为两大类。

（一）观赏类体育景观小品

观赏类体育景观小品主要是突出审美因素，体现观赏性。同时，注重小品的主题内容、形式等，体现景观的精神功能，增加区域空间的环境品位。主要包括雕塑、置石、盆景、井泉、水池、花坛等。

（二）功能类体育景观小品

功能类体育景观小品以实用为主，在其发挥使用功能的前提下，为人们提供多种便利和公益服务，同时，增强小品的观赏性，使景观与周围环境相协调。其主要包括供休息的景观小品、体育文化展示性景观小品和服务性景观小品。

（1）供休息的景观小品，主要指为人们休憩、活动提供直接服务的设施，包括各种座椅（图6－22）、伞、罩等。休息性小品应结合环境设置，如座椅设于步道两边，不影响活动的正常进行，同时，还可以通过设计使其兼有体育锻炼简易器械的作用，充分挖掘景观设施的内涵。

（2）体育文化展示性景观小品，主要指各种标识，为人们提供体育文化宣传、教育、人文交流、引导的作用。宣传栏、指示牌不仅要醒目、易于吸引人们目光，同时，要造型新颖，并具有体育特点。图6－23是健康之路的方向和距离导视牌，将奥运五环的色彩以脚印图标标示，可谓独具匠心。

图6－22　仿木座椅

图6－23　展示型景观小品

（3）服务性景观小品，主要指为人们的行为和活动提供方便并具有一定质量保障的各种公用服务设施体系及相应的识别系统。具有占地少、体量小、分布广、可移动、造型独特、便于识别的特点，如公用电话亭、垃圾箱、服务亭、灯具、音箱等。

四、体育景观小品的构建原则

景观小品是景观空间的景物，只有具备相对独立的意境和一定的思想内涵，才能产生感染力，这是景观小品的核心与生命力所在。同一寓意，在不同环境空间其造型各异。不同形态、不同布局、不同色彩、不同尺度及光影变化，均可达到同一寓意之目的。小品的内在美隐藏于外在形式之间，因此，构思体育景观小品时，应充分考虑其布局需要，采用最符合设计需求的风格和样式。精巧别致的造型、独具特色的风格、合理的布局、深厚的文化内涵、浓郁的地域特色，能够使人感受到人性化的关怀与服务，从而赋予区域环境独特的魅力，吸引人们驻足。体育景观小品的设计应遵循以下原则：

（一）满足功能

在设计中，首先要考虑功能因素，无论是在实用上还是在精神上，都要满足人们对体育运动的需求，尤其是公共设施的设计应满足各类运动人群的需求，包括残疾人的特殊需求，体现人文关怀。

（二）个性鲜明

体育景观小品的个性，不仅指设计师的个性，还包括该景观小品对它所处的区域环境的历史文化和时代特色的反映，吸取当地的艺术语言符号，采用当地的材料和制作工艺，产生具有一定的本土意识的环境艺术品设计，使人们产生认同感。

（三）生态环保

生态环保，即一方面节约能源，采用可再生材料来制作；另一方面在作品的设计思想上，引导和加强人们的生态保护观念。

（四）陶冶情操

优秀的体育环境艺术品注重地方传统，强调历史体育文脉，饱含了记忆、想象、体验和价值等因素，常常能够形成独特的、引人入胜的意境，使观者产生美好的联想，成为环境建设中的一个情感节点。

图 6－24　廊式花架中的休息设施

图 6－24 是兼具休息功能的廊式花架，置身于植物景观中，既具有美化作用，又符合生态原则。缠绕的藤蔓不仅与周围景观产生呼应，对座椅的遮阳作用也体现了人文关怀。

五、体育景观小品的尺度与比例

尺度与比例是产生协调的重要因素。尺度是使一个特定的物体与环境呈现一定比例关系的一种特性，是人们经验的对比与心理的度量。体育景观小品自身与环境、建筑等的比例会直接影响其景观价值。在设计过程中，既要考虑小品本身的功能比例，又要考虑与环境设计构图的比例关系。例如，在小空间内放置一个大体量的小品，会使整个空间显得拥挤紧张；反之，在大空间中放置小物体，也会产生萧条与平淡之感。完美的小品应该是功能、比例、尺度恰如其分地结合，才能产生协调之美。以雕塑为例，雕塑既可成为景观焦点而突显，也可融入景观中，与景观互为表里。一般纪念性景观置于景观环境中的突出位置，而装饰性雕塑则散落于景观环境中。

六、公园体育景观小品中的雕塑

雕塑是城市体育环境景观设计的重要组成部分，许多优秀的景观设计都很注重合理运用景观雕塑。雕塑在体育景观环境中起着特殊而重要的作用，它在丰富和美化人们体育生活空间的同时，又丰富人们的精神生活，反映时代精神和地域文化的特征。许多优秀的体育雕塑已成为城市精神的载体，如杭州城北体育公园（图6－25）。

图6－25　竞

（一）雕塑基座

雕塑基座常见的有碑式、座平台式、自然式3种。基座是景观雕塑和环境连接的重要环节，一个好的基座设计可增加雕塑的艺术效果。

（二）雕塑的设置

雕塑应与道路、绿化、水体、照明等因素结合布置，综合其体量、比例、尺度、形态等因素，烘托体育环境氛围。

（三）雕塑的内容选择

体育公园内的雕塑主题离不开体育这一要素，通常以代表性体育人物、运动瞬间、运动器械、吉祥物、体育事件等为设计元素，人物雕塑可采用个人或群组的形式设计。

（四）雕塑的材料选择

雕塑在材料选择上根据其主题需要和所处体育环境的要求，运用合适的材质与色彩。常见的材料有大理石、汉白玉、玻璃钢、不锈钢、花岗岩、金属板、彩色水泥等。

不锈钢等金属材料，在施工时分为浇注成型和金属板锻打成型；玻璃钢因其成型方便，坚固质轻、工艺简单，是目前市面采用较多的材料之一；花岗岩、汉白玉等因其耐受性好、使用年限长，是室外雕塑常用的传统材料。在设计时，要根据成本造价、表现主题、周围环境、气象条件、保存时间、施工条件等因素选取材料。

（五）雕塑的技术

雕塑的设计会涉及一系列的工程技术问题，合理的工艺技术是景观雕塑得以实现的基础。适当运用新材料、新技术，创造新颖的视觉效果，如借助现代机械、电气、光学效应等，产生变化多端的新型景观雕塑。

第四节　体育公园景观环境建设

体育公园的主要服务对象是城市居民，其主要功能是提供绿色的体育健身场所；促进城市体育设施建设，提高人均体育设施指标；传播体育文化，促进城市文化发展；带动区域经济的增长，加速城市的发展；改善城市生态环境，完善绿地系统建设。可以说，城市体育公园建设，促进了地域体育文化的发展，提高了市民的文明意识、道德水平、价值观念。因此，城市体育公园得到了快速的发展。

一、体育公园景观环境的建设理念

我国幅员辽阔，不同地区自然环境、经济发展、风土人情等各不相同，立足地域，针对地区特点，厘清建设理念，以体育公园建设和发展为抓手发展民生事业，体现对社会成员的人文关怀，将有利于满足人们多层次的健身需求。

（一）以体育的视角规划体育公园

体育公园是为大众健身休闲服务的，因此，本研究应首先确定体育的主体地位，并综合考虑生态文明、区域特点、场地布局和城市发展等因素，将“体育”与“公园”两大要素相互渗透。

（二）用体育的观点建设体育公园

体育是以达到增强体能、增进健康、丰富社会文化生活为目的的一种具有潜移默化教育作用的社会活动，在文明的社会风尚中体现人与自然的和谐。在体育公园建设过程中，实现体育目的的同时，注重生态文明，工程建设突出节能环保，力求使这一民生工程既有利于当今，又造福于后代。

（三）体育与景观环境有机结合

体育公园建设属于多学科交叉研究项目，综合应用体育学、社会学、建筑学、景观环境学等学科知识和方法，使其能够较为全面地考虑各相关因素和条件，并获得强有力的母学科支撑。

应合理布局园林景观，尽量使各个体育活动场地满足各类运动要求，结合原有地形营造景观效果，布置各类运动场地及休闲设施，充分保持山地的完整性，减少土方的填挖量。充分考虑各个专项运动场地的交通便捷，以及不同人群的活动需求，使运动场地与休闲活动区域既互不干扰，又互相联系，构建流畅的交通系统。同时，应合理布置各种配套性服务设施，充分考虑消防、停车、医疗、购物、卫生间等布置。

二、体育公园景观环境规划的依据

城市体育公园是城市的组成部分，应与城市发展有机结合，统一规划。因此，应站在民生工程的高度，力争使体育公园成为城市基础设施建设项目。

（一）明确建设理念

中国特色社会主义建设，是经济建设、政治建设、文化建设、社会建设、生态文明建设五位一体，在生态文明建设方面，注重加大自然生态系统和环境保护力度，加强生态文明制度建设，努力实现绿色发展，努力建设美丽中国。体育公园建设对保护城市生态安全、维护城市环境卫生发挥着巨大的作用，是促进体育绿色发展、践行“五位一体”总体布局的重要举措，是实现美丽中国的内涵体现。为此，体育公园建设应根据城市发展、体育规律、健身需求、环境保护等要素，研究体育公园的建设理念，确定体育在体育公园的主体地位。

（二）厘清规划原则

城市体育公园规划建设应处处体现“以人为本”，其核心是解决“人”的体育文化需求问题，实现其成为大众健身、休闲生活的幸福乐园之目标。在“以人为本”思想指导下，以体育学、建筑学、景观环境学、社会学等学科知识为理论支撑，以体育环境中人的行为特征为着眼点，分析体育公园中健身群体中的个体间关系，确定规划原则。

（三）确定选址、规模及定位

新建体育公园选址要符合城市整体发展规划，交通便利，人口相对集中；改扩建体育公园应与区域环境相协调。根据人口规模确定体育公园规划建设规模和承载力，确定其功能定位。

三、体育公园各功能分区景观规划

体育公园是主题公园的一种类型，其建设必须符合城市可持续发展的要求，对绿色、生态进行有机的协调。体育公园集丰富的自然景观、体育活动和生态健身于一体，其建设突出体育公园的特色，将运动休闲融入独特的环境景观中，主要分为4大功能区。

（一）室内体育活动场馆区

室内体育活动场馆区一般占地面积较大，一些主要建筑如体育馆、游泳馆及附属建筑等均在此区内。此外，为方便群众的活动，应在建筑前方或大门附近安排相对面积比较大的停车场，停车场应该采用草坪砖铺地，安排一些花坛、喷泉等设施，起到调节小气候的作用。

（二）室外体育活动区

室外体育活动区一般是以运动场的形式出现，在场内可以开展一些球类等体育活动。大面积、标准化的运动场应在四周或某一边缘设置看台或休闲座椅，以方便群众观看体育比赛和休息。植物绿化时，树种体量的选择应同运动场地的尺度相协调，应注意人们夏季对遮阴、冬季对阳光的需求。通往各区域的路口应设置标识导视。室外广场区及绿化区可设置不同体量的雕塑景观。

（三）儿童活动区

儿童活动区一般位于公园的出入口附近或比较醒目的地方。其用途主要是为儿童的体育活动创造条件，设施布置上应能满足不同年龄阶段儿童活动的需要，以活泼、欢快的色彩为主。同时，应以儿童易于接受的造型为主。儿童一般在家长的陪伴下活动，应为照顾儿童的家长设置休息亭廊、座椅等景观设施。

（四）园林区

园林区的面积在规模不同、设施不同的体育公园内有很大差别，在不影响体育活动的前提下，应尽可能增加绿地面积，以达到改善小气候条件、创造优美环境的目的。在此区内，一般可安排一些小型体育锻炼的设施，诸如单杠、双杠等，同时，老年人一般多集中在此区活动。因此，要从老年人活动的需要出发，安排一些小场地，布置一些桌椅，以满足老年人在此进行一些安静活动（如棋牌等）的需求。

【案例】

南宁李宁体育园

南宁李宁体育园是由奥运冠军、著名体操运动员李宁及其家族成员捐资创办的、广西李宁基金会捐资建设的以非营利为目的的公益性公园。公园位于南宁市东盟商务区内，占地527亩，由体育运动区、体育文化休闲区、极限运动区、儿童娱乐区组成。是集体育运动、文化休闲、游览和观赏于一体的城市公共开放空间，提升南宁市城市价值的运动主题园（图6－26）。公园主旨为促进广西体育运动的普及，推动全民健身运动，挖掘培养青少年体育人才，传播优秀体育文化。致力打造南宁市功能齐全、设施优越的体育运动中心、体育文化活动中心、运动休闲健身中心。体育园采用向公众免费服务和收费服务两种形式管理，除了运动场馆、运动场地及服务设施收费服务外，园区所有休闲运动及游玩区域均对外公众提供免费开放服务。图6－27为体育园正门内景观，第45届世界体操锦标赛的吉祥物置于路两侧，既是赛事遗存，也代表了体育园对各界人士的欢迎；艺术体操运动员手持彩带的运动瞬间，昭示着我国人民齐心协力为实现中国梦而拼搏。

图6－26 南宁李宁体育园全貌

图6－27 体育园正门内景观

一、基本概况

南宁李宁体育园项目位于南宁市凤岭，东临铜鼓岭路、南靠凤岭南路，占地527亩，建筑面积35 908平方米，园区总体规划与建筑方案由世界设计机构20强的澳大利亚柏涛咨询公司完成，设计创意取自象征绿城南宁的绿树，结合李宁公司创办、发展、壮大、回馈社会的发展历程，体现了李宁先生创办李宁基金会通过慈善事业回报社会的愿望。

公园主要包含标准游泳训练区、室外运动区、后勤办公区、休闲娱乐区、自然生态区五大功能区，除了满足竞技比赛和训练功能要求外，还为市民提供一个良好的体育休闲场所。休闲娱乐区有儿童、老人健康游玩场地，并提供食物饮料供应设施，让市民锻炼休闲两不误。而自然生态区内的各种花草树木、体育文化雕塑（图 6 – 28、图 6 – 29）、喷泉等，把园区装点成优美的生态新景观。

二、建筑面积

公园总占地面积为 527 亩，相当于 40 多个足球场，景观区位明显。包括 1 个游泳馆、4 个综合训练馆、1 个室外水上运动区、6 个网球场、8 个篮球场、5 个足球场和各种休闲运动设施。涉及的体育项目包括游泳、乒乓球、羽毛球、网球、篮球、足球 6 大项，同时，还规划了环境优美的休闲游玩园林区域供市民享用。

图 6 – 28　民间体操——单杠

图 6 – 29　羽毛球

三、设计理念

整个公园场馆区的设计，按照“树—枝—叶”的生长理念来设计，充满了创意。比如，场馆配套设施之一的游泳馆，整个外观造型看上去犹如一片硕大的树叶，静静地飘荡在公园的草地上；建筑错落有致的 4 个综合训练馆，外观好比是相连的 4 片精美树叶；而公园内所连接的交通道路，看上去像连接着树叶的若干根

树枝。

四、休闲设施

公园采取依山而建的形式，充分利用场地特点进行规划，公园内还将配套一系列休闲设施。例如，在西面道路高处设置了“休闲观景平台”。整个平台占地面积约5 000平方米，可尽量布置满足公园人流一些消费需求设施，如增设餐厅、酒吧街、小卖部、咖啡吧、茶吧等空间，形成“街”的感觉和氛围，满足公园配套功能。在其他一些登高处或场区内，如造浪池上设置了一些休闲平台（图6－30），主要有特色凉亭、座椅等休息设施；儿童休闲区的座椅充满了童趣（图6－31）。在园区人流必要位置处，有户外运动设施（图6－32），以此强化园区人气和趣味性，让运动体验和休闲娱乐充盈整个园区。

图6－30　休闲平台

图6－31　儿童区座椅

图6－32　户外运动设施

五、场馆介绍

1. 综合训练馆

综合训练馆面积为8281平方米（图6－33），分为A、B、C、D号4个场馆，可综合利用进行训练和比赛。A、B号馆为羽毛球馆，每个馆各有9块羽毛球场地，C号馆为乒乓球馆，共设球桌21张，D号馆为篮球馆、多功能VIP馆，馆内使用国际篮联标准的NBA地板。馆内配有电动窗帘，每个馆内专业用灯达54盏，保证亮度的同时又不刺眼，符合比赛标准。场馆的地面多达四层（龙骨＋底板＋面板＋PVC面层），比一般的地板更具弹性，增强了缓冲，能够保护运动者的脚踝，有效地减少运动意外伤害。场馆采用地面排风系统，不影响运动发球的同时又保证了室内空气的新鲜。图6－34为综合馆内走廊的宣传图片，6－35为馆外地面铺装。综合馆配套有服务中心、医务室、运动品店、租售中心、餐饮店、咖啡店、运营办公区。

图6－33　综合馆

图6－34　走廊宣传画

图6－35　综合馆外地面铺装设施

2. 游泳馆

游泳馆面积5 117平方米，内设50米×25米标准池1个，25米×13.5米儿童池1个，等级为专业训练比赛场。其前庭广场充分利用原有地形地貌形成看台，可以作为表演集会的区域。

3. 造浪池

设计将造浪池（图6－36）放置在园区最中心的山体上，处于山体的环抱之中，周围椰树环绕，极具南国特色。

4. 室外运动场

室外运动场占地面积2.1万平方米，拥有5人制足球场5块，篮球场6块，网球场8块，中心设置服务区1处。场地结合地形设计，绿化环绕，形成有趣味的台阶式的布局。

图6－36　造浪池

5. 室外水上运动区

室外水上运动区设置有1个50米标准游泳池，1个儿童水上乐园（图6－37），满足不同年龄段人群开展水上项目的需求。

图6－37　水上运动区

六、李宁体育园基础文化

1. 使　命

倡导快乐运动，健康生活理念；推动全民健身事业发展。

2. 目　标

打造全民健康乐园，都市活力中心。全民健身体育事业与体育产业同步发展，惠及大众健康，促进体育产业消费增长。

3. 愿　景

通过体育设施的公益运营，为大众提供便捷的运动休闲环境，增强人民体质；

通过体育技能培训、体育赛事组织，提升大众体育运动水平；

通过群体主题活动、体育公益活动，提升参与群众基础，推动全民健身；

通过优秀体育文化电视节目制作，传播、推动全民健身事业发展；

力求通过不断创新与完善，树立管理标准，提高体育产业价值，传播优秀体育文化。

七、功能及业务

李宁体育园能够举行各类型态丰富多彩的单项体育赛事、综合性大型运动会、全民健身趣味竞技活动，以及家庭欢乐日等各种公益活动、娱乐节庆活动。同时，承接各类企事业单位拓展培训、运动会等活动，其功能如图6－38所示。

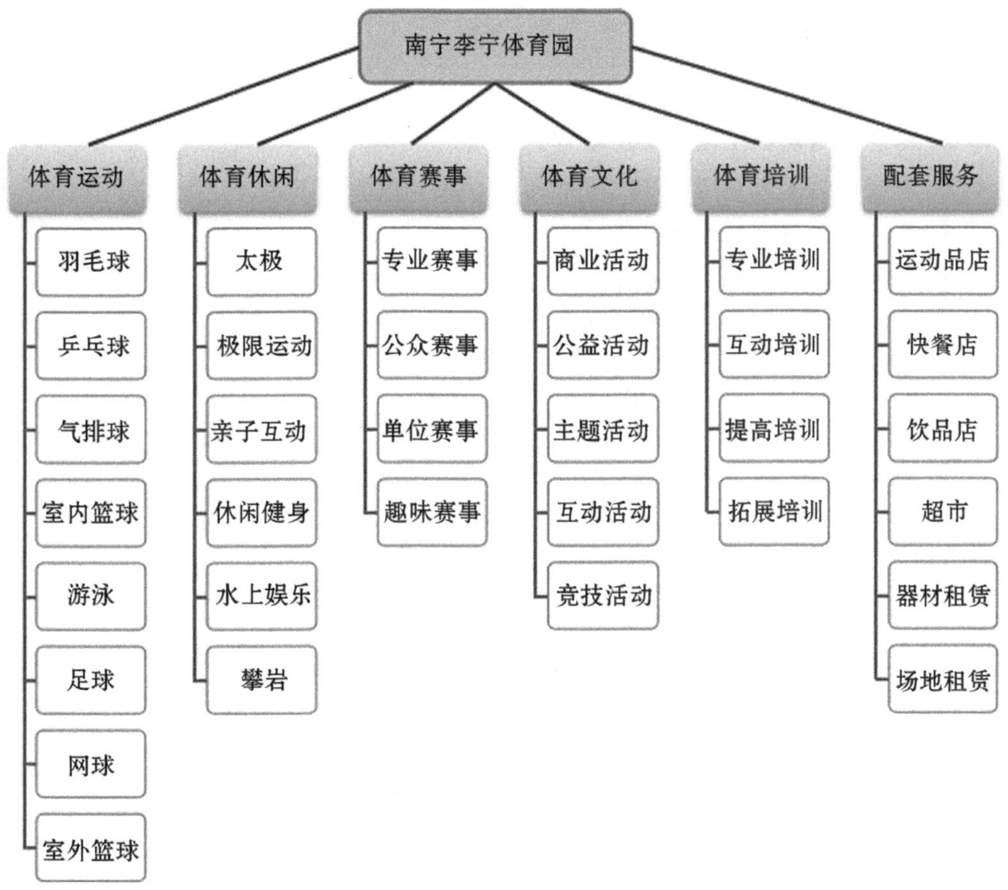

图6－38　体育园功能

问　题

1. 分析李宁体育园景观环境特点。

2. 结合园区文化、功能和业务，分析体育园景观环境为其运营提供了什么便利？

思考与讨论

1. 体育公园的概念及分类形式。

2. 体育公园景观设施系统包括哪几部分?

3. 举例说明体育公园景观环境中标识的设计要点。

4. 体育景观小品的概念。

5. 体育雕塑的内容包括哪些?

6. 试述体育公园各功能分区景观规划内容。

7. 根据体育公园景观设施系统设计及应用的基本知识，你认为城市体育公园大门前厅广场的景观设计要素应包括哪些?为什么?

第七章　健身步道景观环境

【内容提要】通过本章的学习，了解健身步道的发展概况和分类，理解健身步道景观的基本要素组成；掌握其基本概念，能够基于基本设计原则对健身步道的地面铺装和标识进行设计；对实例进行分析。

健身步道因徒步行走的兴起及发展而产生和完善。随着徒步运动的风靡和大众对健身环境的要求，健身步道景观环境的规划建设不断得到重视和加强。

第一节　健身步道景观环境概述

健身步道是我国体育基础设施的重要组成部分，为全民健身提供了便捷的活动场地，在一定程度上解决了百姓身边体育设施不足的问题，成为构建体育公共服务体系必不可少的内容。依托自然优势和人文背景兴建的健身步道，更是融合了健身、休闲、旅游的多种功能，成为颇具吸引力的城市景观。在2018年全民健身日到来之际，为了解决群众健身难问题，国家体育总局将建设一批健身步道作为破解“健身去哪儿”的重要举措，提出结合森林防火道、防洪设施、城市绿地、美丽乡村等建设项目，规划建设形式多样的群众身边的健身步道，以此为载体，

推动全民健身活动广泛开展，带动县域经济发展，助力脱贫攻坚，决胜全面小康。

一、健身步道的概念

健身步道通常较为规整，并与相连的体育设施和场地以及优美环境协调一体。健身步道的路面通常是用保护锻炼者的踝、膝、髋、脊柱等关节及促进健康的材料铺设而成。

（一）健身步道

健身步道是一种新的提供人们步行、慢跑锻炼的设施，每隔50米或100米就有一块里程碑，可供人们参考锻炼距离。其宽度可根据具体情况和条件而设定，步道的一侧或两侧通常有里程数标识、健康与健身指南标识。健身步道除了走、跑锻炼外，人们还可以在步道上进行骑自行车、轮滑、滑板的锻炼。有些较长的健身步道，可在起点、中途、终点等地，为锻炼者设立“健身驿站”。“健身驿站”具有休整、租赁、餐饮、测试、救助等多种服务功能。单向活动的健身步道宽1.2~0.9米，平面必须圈状闭合；考虑活动人多时的双向健身步道宽为1.5~1.2米。

综上所述，健身步道是指以健身为目的的，可进行步行、慢跑、骑自行车、轮滑和滑板锻炼的道路。

（二）登山健身步道

根据中国登山协会颁布的《国家登山健身步道标准》，登山健身步道是指以登山为基本方式，在山地上修建的健身步道。目前，登山步道在全民健身运动中，属时尚项目，受到不同年龄层次人群的青睐，参与群体也在不断扩大。

登山健身步道区别于一般的健身步道，并具有以下特点。

（1）步道需要依山而建，以登山为基本方式，主要的地形要素是山。

（2）步道通过规划设计进行修建，与登“野山”和登山探险不同，具备一定的安全要求。

（3）步道突出健身功能，有一定的强度要求。

登山步道路面由主步道与两侧的缓冲带构成。主步道路面宽度应大于等于 0.6 米、小于等于 1.5 米；两侧缓冲带每侧宽度不小于 0.2 米。它是以大众体育为基础的地域特色健身路径，是以改善和提高体育活动参与者的身体健康水平及其生活质量为目的。因此，登山健身步道是以登山为基本方式，在山地上利用自然景观、历史名胜及原始生态村落、道路等资源，并提供必要的配套设施及服务，使人们在登山途中，既观赏了历史名胜、自然风光，又增强了体魄，陶冶了情操。

二、健身步道的发展

徒步行走是最简单、最安全、最经济，也是最适宜于各年龄段的户外休闲健身运动方式，这种方式目前风靡国内外，在国外发展较早，我国的港澳台地区以及部分省市也逐渐开始致力通过建设健身步道来拓展运动空间，提高大众身体素质。

（一）国外健身步道

徒步行走运动在国外历史悠久，并有广泛的群体参与，国外步道被称为“连接荒野与文明的纽带”，建立步道是为了促进公众保护、利用、享受和欣赏国家自然和历史资源。为了鼓励发展徒步行走这种健身运动，各国积极建设步道系统。美国国家步道分为景观步道、历史步道、休闲步道以及连接步道。英伦三岛有长达4 000 公里国家步道系统，由 15 条步道组成，是世界上维护最好的国家步道系统。

步道起源于美国，从全球范围来看，国家步道发展最好的是欧美国家，其中最完善、最有代表性的是美国。1921 年，美国建设了阿巴拉契亚国家景观步道，至 1937 年开通全程 3 575 公里，是世界上第一条国家步道，也是目前距离最长的国家步道。这条步道穿越自然保护区，穿越河流山脉、高速公路、乡村小镇等。1968 年，美国国会通过了《国家步道法案》，正式开始了国家步道系统建设。美国现有 9 万余公里的步道系统，形成了自然公园和开敞空间相连通，多层次、综合性的全美步道网络。为了鼓励发展徒步行走这种健身运动，从 20 世纪 90 年代开始，其他国家也在积极建设步道系统，尤其美国等已经走在世界前列，形成比较完善的步道体系，对于步道先进的设计方法和丰富的建设经验，以及步道理论的研究，值得我国在建设健身步道时借鉴和学习。

（二）国内健身步道

港台地区的步道系统建设起步较早，经过多年的建设相对完善。1991 年台湾在南北走向的中央山脉开辟了长达数百公里的步道，1993 年开展“绿色走廊推展计划”，现已形成39 条步道。并且形成了一套较为完善的步道系统分级体系，按步径类型分为：高山步道、历史步道、郊野步道、海岸步道4 大类；按步径性质分为：都市内步径、都市近郊步径、健身步径、具有历史意义步径等；按步径分布分为：近郊登山步径、浅山登山步径、高山登山步径、长距离步径等；按步径功能分为：一般连接步径系统、解说步径系统等。台湾就其省内的省级公园、省级风景区、省级森林游乐区等范围内的步道予以规划整合，并推出了覆盖全岛的健行步道系统。其目的在于整合自然游憩据点，提供多样游憩体验，发展多样且低环境冲击之生态旅游，使自然资源永续经营，并兼顾生态保育、经济发展及社区福祉。香港依托其依山傍海的地理优势，开辟了多条登山步道，较为有名的主要有麦理浩径（全长 100 公里）、卫奕信径（全长 78 公里）、凤凰径（全长 70 公里）、港岛径（全长 50 公里）等。香港的登山步道系统按照功能特征分为郊游径、家乐径、长途远足径、自然教育径、健身径、野外均衡定向径等。巍跋然（Vibram）香港 100 公里极限耐力跑挑战赛就是依托香港的步道举办的。港台地区在步道建设方面从理论到实践做了大量的工作，尤其是登山步道系统体系基本形成。

大陆内地步道系统建设起步较晚，但近年来需求旺盛，在国家的重视下，健身步道和登山健身步道得到了长足发展。2009 年，在浙江省海宁修建了第一条国家步道，这条步道长 100 多公里，其中含 50 公里山地自行车道。我国正在酝酿沿太行山山脉与京杭大运河等建立国家步道。青岛市现已建设完成 100 余条登山健身步道并常年向市民开放；重庆市推出“重庆健康绿道”建设，现已建成 50 多条登山健身步道并投入使用；福建、深圳、广州、湖南等根据当地自然资源特点建成了各具特色的健身步道；中西部的大多省、市、自治区也把建设登山健身步道提上了议事日程。除了登山健身步道这样庞大的步道系统之外，位于市区、住宅区等适合居民日常锻炼的平地健身步道也数不胜数。

随着智慧健身的推广，智能步道建设应运而生。智能健身步道依托互联网和物联网技术，在步道上配置有传感器等设备，同时在沿途设立电子屏幕。运动时可通过大屏幕和手机感受到步道的智能效果，在步道上行走的步数、速度及消耗热量等信息，可显示在手机和沿途的电子屏幕上，并实现运动数据实时收集统计，提供健身处方。智能步道还可具有环境监测、安全监护等功能，极大地提高了环境和健身的安全性，以及信息传送的速度。

（三）政策的扶持

2016 年年底，由国家体育总局牵头发布了《山地户外运动产业发展规划》，明确提出要建设具有各种功能的国家步道、户外骑行道系统，具有运动健身功能的绿道网络、慢行系统等，进一步推进了国家步道的建设，并于 2017 年，以陕西黄陵县作为起点和重要节点启动了国家 1 号步道建设工作。国家 1 号步道也是制定国家步道标准的主要案例依据，将用两年时间完成建设并投入使用。国家 1 号步道以与机动车分离的自行车、徒步两用道为主，串联途经的历史旅游景点、文化遗产地、户外运动资源区；规划整合多种户外设施，逐步形成户外运动产业带。2018 年，国家体育总局、发展改革委等 12 部门联合印发了《百万公里健身步道工程实施方案》，即到 2020 年，力争在全国每个县（市、区）完成 300 公里左右健身步道建设，以此推动全民健身的广泛开展。

（四）步道建设相关标准和要求

在早期相关国家各部门制定的标准规范中，不同程度地涉及步道系统的规划设计，尚未提及健身步道的概念。如《风景名胜区总体规划标准》（GB/T50298—2018）中的景区游线组织、旅行设施和内部交通规划等；《森林公园总体设计规范》（LY/T5132—95）从游览方式、线形设计和技术标准等方面给予规定。目前，我国最完善的当属“国家登山健身步道”系统，是中国特色的国家步道。《国家登山健身步道标准》已作为国家标准由国家体育总局向全国推广，此标准公布标志着我国国家登山步道的建设向标准化、完善化以及成熟化方向发展。

目前，我国步道建设的相关要求主要以部门规章、行业标准、地方标准和团体标准的形式颁布（表 7 – 1），根据所涉及领域，归口各有不同。就发布时间而言，主要集中在2017年和2018年。

表7－1　已发布的相关步道标准

序号	名称	发布时间	发布机构
1	健身步道配置要求（标准）	2018年5月	体育总局（部门规章）
2	健走步道配置要求（标准）	2018年2月	体育总局（部门规章）
3	国家登山健身步道标准	2010年5月	中国登山协会发布（部门规章）
4	T/CSVA 0102—2017 合成材料面层健身步道要求	2018年5月	中国体育场馆协会（团体标准）
5	LY/T2790—2017 国家森林步道建设规范	2017年9月	国家林业局（行业标准）
6	DB11/T 1016—2013 登山旅游步道设置与服务规范	2013年11月	北京市质量技术监督局（地方标准）

三、健身步道的类型

经过几十年的发展，健身步道呈现出国家步道、登山步道、绿道等形式，成为全民健身基础设施的重要组成部分。

（一）国家步道

“国家步道”的概念来自欧美国家。步道在美国叫 trail，在英国叫 way 或者 long－distance foot－paths、tracks、routes，至少要在50公里以上，最长的有数千公里。欧美各国的国家步道都是多用途步道（multi－use trails），即步道、直排轮滑道、马道和山地车道多用途合一，同时，设计专门的标识系统部署在步道每处重要节点，不允许各种机动车上路。在我国，“国家步道”是一个比较新的概念，是指位于我国生态与人文资源富集的山岳、水岸或郊野地区，穿越并连接具有代表性的人文与生态资源，并可串联多样性国家级景区，为到访者提供自然人文体验、

环境与文化教育、健康休闲游憩等多元机会的同时，实现传承保护文化遗产、利用生态资源、促进旅游产业、活络乡村经济的步行廊道系统。

（二）国家登山步道

登山健身步道是以登山为基本方式，在山地上利用自然景观、历史名胜及原生态村落、道路等资源，并提供必要的配套设施及服务，使人们在登山途中既观赏了历史名胜、自然风光，又增强了体魄，同时也陶冶了情操。目前，登山步道在全民健身运动中属新兴项目，广受到各阶段年龄层次的人群青睐，参与群体不断扩大。登山步道主要有以下几个特点，一是依山而建，山是主要因素；二是步道需要人为修缮，与登“野山”不同，也与探险登山不同，它是经过规划设计、具有一定安全要求的明确道路；三是健身功能突出，要求有一定的锻炼强度。中国登山协会于2010 年5 月颁布了《国家登山健身步道标准》，这一标准中依据步道所在区域自然环境特点及步道功能将我国的登山步道分为了5 类，并分别予以诠释。

- 山野步道——回归自然、健康身心的徒步天堂。
- 探险步道——新鲜刺激、富于挑战的勇敢者旅程。
- 亲子步道——轻松、休闲的家庭和谐游憩乐园。
- 自然科普教育步道——寓教于乐、寓教于行的科普基地。
- 其他——登山步道因其各自所在地域、地质地貌、自然资源等不同的特点，可以设计建造成不同主题的步道系统，如环海景观步道、雪域丛林步道等。

（三）绿　道

“绿道”内涵很广，它在不同的环境和条件下有不同的含义。因此，对这一概念的定义总会有一定的局限性。在此可以引用查理斯·莱托（Charles Little）在其经典著作《美国的绿道》中所下的定义：绿道就是沿着诸如河滨、溪谷、山脊线等自然走廊，或是沿着诸如用作游憩活动的废弃铁路线、沟渠、风景道路等人工走廊所建立的线型开敞空间，包括所有可供行人和骑车者进入的自然景观线路和人工景观线路。它是连接公园、自然保护地、名胜区、历史古迹及其他与高密度聚居区之间进行连接的开敞空间纽带。从地方层次上讲，就是指某些被认为是公园路或绿带的条状或线型的公园。

第二节　健身步道景观设计要素

健身步道具有鲜明的地域特色，其设计要素既体现通用性，又突显特色性。可在利用自然资源、保持原生态的基础上，在确保安全的前提下，对具有健身功能的土道、木道、石道、古道、原生态山路等进行改造，沿途设立统一完善的景观设施。登山步道可以把区域内每个景点文化古迹及当地农业副业产业基地有效串联起来，以达到打造市民健身旅行的品牌基地，为各地的户外运动爱好者提供独具特色的徒步路线，丰富城市旅游、文化、环保和生态等相关产业内容，促进城市以及自然景区的可持续发展。

一、地面铺装

地面铺装是健身步道的主体部分，也是健身人群可以最直观感受到的地方，它的营造可以通过材质、色彩等要求构成。通常在健身步道当中，多使用柔性铺装材料，诸如泥地、沙地、草地、塑胶地、木板地、石板地、锯木屑地、鹅卵石地及其他软性路面材料。城市的健身步道目前以塑胶地、木板地、石板地和卵石型步道为主，以穿插主园路或以辅助园路的形式存在，从而丰富健身步道的铺装材质和内容形式，并有效提高人们在健身时的舒适度。

二、标识系统

标识系统是健身步道的重要组成部分，主要包括路标、安全警示标识、环保标识、知识教育引导牌、休息区、露营区、接待站、卫生间、垃圾处理、报警点、医疗救护点等系统性的服务设施，可通过健身步道的面层、健身导引牌、宣传栏、

休息设施等构建。琼海万泉河健康步道以景观节点、万泉河公园为功能载体，通过全民运动健身科普宣传、原有景观设施的功能完善、健康步道的标识指引及体育雕塑，为市民提供良好的体育锻炼、游览休憩的环境（图7－1）。

(1)

(2)

(3)

图7－1 健康步道标识

三、休息设施

作为健身步道的附属设施，休息设施的设置必不可少。由于健身步道是聚集人群之地，休息设施不仅是提供休息交流的场所，也是构成景观的关键要素。休息设施的形式多种多样，形式简单的仅供休息，没有多余的修饰，结构单一；结构复杂的，附加一些有趣或者漂亮的修饰，可作为一个视觉焦点，吸引过往游客。休息设施的材质在古代是多使用木材和石材，但随着科学技术的发展，材料多样化，常见的有木材、石材、金属及塑料等材质。对休息设施的设计需要从“量”和“质”两方面把握。在“量”上，休息设施的数量既要适度，其设置点的选择又要合理；在“质”上，休息设施不仅要具备根本的功能属性，又要体现一定的艺术价值，并且要和周边环境和谐，从色彩、造型及材质上都应考虑与周边环境协调统一。

四、景观节点

图 7－2　景观廊道

景观节点就是经扩展和强化而形成的、相对突出的健身步道公共空间，景观节点是构成景观体系的重要元素。健身步道的主要公共空间有道路、广场、建筑、构筑、绿地、山系、水系等，景观节点应根据使用功能、构成要素、区位条件、历史文化等确定文化主题，提升文化品位。健身步道的景观节点设计要优先保证交通便捷安全，合理布局景观建筑、小品、绿化、照明。标志性建筑要突出地标特性，山系节点要成为道路、建筑对景和观景平台，水系节点要成为滨水风光带的景观高潮。图 7－2为重庆江北石子山体育公园内健身步道的景观廊道，在材料的选择上突出了现代感，造型上则突显了时尚性与传统造园艺术要素的结合。兰州市的“兰山景观健身步道”入口处的装饰性城市雕塑别具一格：长方体钢筋网中盛满了形状各异、大小不等的黄河石，中间空出的木板上综艺体“兰山景观健身步道”的金色大字及其下黑色的汉语拼音古朴大气，与随意而紧凑的黄河石相映成趣。步道中途的两层观景台很有特色，上下呼应，从上面一层拾阶而下，沿着弧形的木制台阶可婉转至青砖铺就的步道，给人一种曲径通幽之感（图 7－3）。

(1)

(2)

图 7－3　兰州兰山景观健身步道景观节点

五、雕　塑

在健身步道中，雕塑除独立设置在步道旁，还常与标识组合呈现，以雕塑的形式传达路标导引和宣传的意蕴，既起到指示作用，又达到了艺术渲染的效果，将使用价值和观赏价值有机结合。

图7－4是陕西体育惠民工程——800里秦川渭河沿岸全民健身长廊的雕塑，设计元素保持了色彩的一致性和基座的一致性，并以健身长廊标识和健康陕西人标识为主线，体现了雕塑系统的内在联系。

(1)　(2)　(3)

图7－4　健身步道雕塑

第三节　健身步道景观设计

步行是一种古老而广泛使用的交通方式，随着出行工具的丰富，生活节奏的加快，步行者出行的安全隐患系数也在随之增加。在绿色出行引领新一轮变革的城市发展趋势下，健身步道的出现，不仅改善了城市生活条件，提升了城市活力，而且使城市居民可以暂时远离都市的喧嚣。因此，伴随人们对回归自然、健康生活状态的渴望，对步道的需求越来越大，对步道的运动安全度、身体舒适度、视觉美观度要求也越来越高，从慢行安全的基本需求上升到慢行高品质的生活方式追求，步道景观设计也应相伴而生。

一、健身步道景观设计策略

健身步道往往规划建设在公园、湖畔、山地、景区等自然景观较为优美的区域，一方面，步道本身的美学设计构成让人眼前一亮的亮丽风景；另一方面，步道就像一条条彩练镶嵌在这些美景中，与周围的景色高度融合。尤其是长距离的健身步道，就像一条引线将各个景观节点如珍珠一般自然地串联到一起，形成集点、线、面于一体的景观。不同的健身步道，其使用时段和频率会有一定的差异性，但其体育功能要求、景观需求和对城市的宣传具有一定的共性。

（一）体育要素与地域文化结合

健身步道首先应满足体育健身需求。规划时，注重体育元素的渗透，突显体育特色，除标识系统包含距离提示牌、健身励志语、科学健身常识、能量消耗换算牌等诸多内容外，还应有体育主题雕塑、户外健身器材设施等。同时，注重地域特色的突出。综合考虑自然生态、人文、交通和城镇布局等资源要素以及上层次规划、相关规划等政策要素，使步道与步道之间各自具有鲜明的景观特征，打造充分体现地域文化特色、步道系统完整、满足市民各种活动需求、景观环境优美、服务全民的人性化公共绿色健身空间。

（二）生态优先原则的保证

无论是建造怎样的环境，景观都必然与生态环境发生密切关系。景观设计的过程是人对环境改造的过程，在改造的同时应当注重原有环境的保护与利用。在环境问题日益受到关注的今天，健身步道的景观设计要基于生态环境优先的原则，在保护和合理利用生态资源的前提下，考虑健身步道的建设与更新。生态环境优先的原则不仅要求我们在景观的规划设计中，首先考虑对自然环境的保护，同时还要求我们运用景观生态学的相关理论来指导设计实践。在健身步道的建设中，可引入生态理论进行生态化空间模式的构建，减少健身步道系统对绿地景观破碎

化的影响，使生态系统平衡稳定，人与自然和谐共处。

（三）美化环境功能的体现

健身步道作为丰富城市内涵、提高居民生活品质的新型载体，在规划设计时，其审美功能的满足应放在重要位置。

1. 满足材料选择上的审美需求

材料的选择是体现不同类型步道风格与品质的关键，就如同人靠衣装，美靠靓装一样。材料就是健身步道所穿的外衣，是步道整体形象、气质、风格的重要体现。式样相同而选材不同，所体现和表达的内容与情感就可能相差甚远或迥然不同。因此，与健身步道风格匹配并满足大众审美需求的材料选择，是景观设计的重点。健身步道中广泛使用的材料包括木材、石材、砖材、仿木等，这些材料又运用到了铺装、护坡、建构筑物、艺术小品等步道景观组成元素中，成为步道景观风貌的重要体现，产生不同的视觉感受和审美效果。例如，木材铺就的路面有柔软细腻的质感；石材路面会让人感到坚实牢固；卵石镶嵌成不同形状的路面，可以产生浪漫和跳动之感。

2. 满足色彩上的审美需求

色彩能够产生不同的心理效应，进而影响生理感受。健身步道的色彩是由步道中的植被色彩、铺装色彩、建筑色彩、设施色彩等构成。即使材质相同，如果色彩运用不同，它们向健身者传达的感受也会有所不同。良好的色彩运用能够很好地烘托出景观所要体现的氛围，或惬意、或遐思、或热烈。人们在步道中随着色彩的变化而转换不同的情绪，从而获得丰富的感知和体验。因此，在步道的设计中应选择与其环境相协调的色彩，以提升步道整体文化、环境品质。

3. 满足样式上的审美需求

健身步道中的样式主要体现在步道景观的组成要素——铺装、标识、设施和环境小品等方面。符合健身步道风格与整体形象的样式，对于展现步道良好风貌有着积极的作用。好的样式不仅要做到风格与步道相协调，外形还要达到健身者的审美标准，并且要满足其自身的功能，符合人们的行为习惯。

二、健身步道景观的设计

健身步道景观的设计应遵循设计策略，满足步道承载活动内容丰富、景观类型多样的需求，致力使健身者在差异化的步道中能够感受到不同的景观体验，避免产生审美疲劳，提升在步道中的兴趣和体验度，提高步道的吸引力。

（一）步道铺装

步道铺装是运用各种自然或人工的铺地材料，按照一定的方式进行的地面铺砌装饰。它自身作为一种景观，伴随着人们进入健身步道的始终，不仅具有引导方向和组织交通的功能，还为人们提供了良好的休息、活动场地。同时，还直接创造优美的地面景观，突显步道给予人的美的享受。步道铺装不仅要满足人们步行的功能需求，还要满足人们对色彩、图案、质感等方面的审美需求，使步道不仅是观景的载体，还成为观景的实体，成为一道独特的风景。

铺装材料是体现步道品质的关键，选材不仅要美观，还应满足自身的功能需求，并且材料之间要相互协调、材料与步道整体风格也要相互协调，如此才能使步道取得统一、完整的风貌效果。良好的铺装材料选择能更好地衬托步道的景观，体现步道的特色，增添人们的景观体验。

1. 铺装的材质

铺装的材质选择是体现步道地域特色、个性风格的重点。可应用于健身步道的铺装材料及材质特性见表 7－2。不同的铺装材料会形成不同的质感和风格，所形成的景观效果也各不相同。

表7－2　健身步道常用铺装材料

材料名称	材料特性	使用区域
木材	维护、替换方便，温暖舒适；能与环境较好融合；铺设时注意防腐处理；成本较高	休息平台、观景平台、栈道、树池
石材	耐久性、观赏性较高，纹理自然，质感稳重，色泽长久，易与步道自然环境结合	步道，踏步，休息平台，节点空间
砾石	种类繁多，品质坚硬，色泽鲜明古朴，耐磨耐腐蚀，透水性强，价格低廉	连接步道，图案铺贴，自然度较高的步道
砖材	形式多样，色彩丰富，自然度高，形状规格可控，价格低廉	步道，节点空间，小路及不规则边界，镶边和收尾
彩色沥青混凝土	柔性路面，受温度变化影响小，色彩持久稳定，价格适中	步道
彩色透水混凝土	吸音、降噪、缓解城市热岛效应	步道
塑胶	平整度好，抗压强度高，硬度弹性适当，物理性能稳定	步道

2. 铺装的色彩

健身步道铺装的色彩应在多样统一、整体美的大原则下，尽量使用调和色，而不要使用饱和度过低的色彩和对比度较高的色彩，因为对比色会与周围环境形成强烈的对比，极大地影响审美效果，使步道的整体文化品位大打折扣。

步道面层的铺装色彩一般采用木材、石材或砖材的天然色彩，木材为一些棕色、红褐色、黄褐色等，石材为冷灰色、灰白色等，砖材为青灰色、砖红色等。步道节点处的铺装色彩应根据节点的功能、所处的位置来确定。接近城市部分的节点，如城市中的步道入口广场，步道中某些可吸引大量人流参与活动的节点，整体采用与步道面层铺装相一致的、饱和度较高的色彩，适当选用明亮、活泼的色彩作为点缀，可吸引更多的人流进入和激发更多的人流活动，有意识地利用材质的色彩变化来丰富和加强空间的氛围。

3. 铺装的设计

步道主路的设计要考虑到安全性、生态性、经济性和地域性，使整体风格与场所环境及活动相契合。通常主线面层多选用彩色沥青混凝土、石材、木材、塑胶等材料，可分段铺装，形成不同的健身和景观体验，支线色彩及材质可有所变化。不同铺装材料在步道中的铺设效果如图 7－5 所示。

(1)

(2)

(3)

(4)

(5)

图 7－5　铺装效果

（二）步道标识

标识是通过符号来传达事物意义的一种方法，其最终目的是以其最优化的信息形态，让人们产生正确的空间联想与空间行为。步道中需要设置的标识根据其功能主要分为5类，包括导览性标识、指示性标识、介绍性标识、管理性标识、关怀性标识。标识的设计内容应清晰明了、图文并茂，材质、尺寸、色彩等应做到醒目并与周边环境协调融洽。

1. 标识的材质

材质的选择直接关系着标识系统的质感和安全稳定性。要充分考虑材料使用的方便性、安装的可靠性、维护的低耗性等。标识的材料以金属、木材、石材等材料为主，登山步道中标识设施的材质尽量选用石材和木材，易就地取材。表7－3为标识常用表面材料，内部结构采用不锈钢管、黑色金属型材作为加强材料，发光源用LED、等离子灯、霓虹灯、导光板等相关材料。

表7－3　步道标识常用表面材料

类别	名称	材料优点
木材	胡桃木、菠萝格、紫檀木	自然，古朴；成本较高
金属材料	铝合金	轻质，不易生锈，着色容易，安装方便；成本较低
	不锈钢板（亮光和亚光）	质感好，氧化缓慢，时尚；成本较高
	冷轧钢板	可塑性强，加工方便，着色附着力强；成本较低
合成材料	PVC	不易燃性、高强度、耐气候变化性以及优良的几何稳定性，对氧化剂、还原剂和强酸都有很强的抵抗力
	亚克力	高透光度，极佳的耐候性，良好的表面硬度与光泽，可塑性大
	有机片	比较薄，有可塑性（常用于标识上的字体）

续表

类别	名称	材料优点
	弗龙板	不吸水，不分解，不受雨水、潮湿影响，不腐烂，抗老化，抗紫外线照射，耐腐蚀，隔音、吸音、隔热保温，产品质地轻，易储运、施工、切割、雕刻

2. 标识的设计

健身步道标识应该给人醒目、美观的视觉冲击，并与周边环境协调融洽。设计时，除注重自身的作用外，可以与雕塑、休息设施等结合，发挥其复合功能并起到美化环境、满足人们视觉审美需求和精神需求的作用；同时，反映地域文化及步道特色。建设步道的标识设计元素包括了体育和地域要素。

《国家登山健身步道标准》中对标识系统有明确规定，包括建筑类标识（图 7 -6)、地形类标识（图 7 -7)、警示类标识（图 7 -8)、指示类标识（图 7 -9）等。

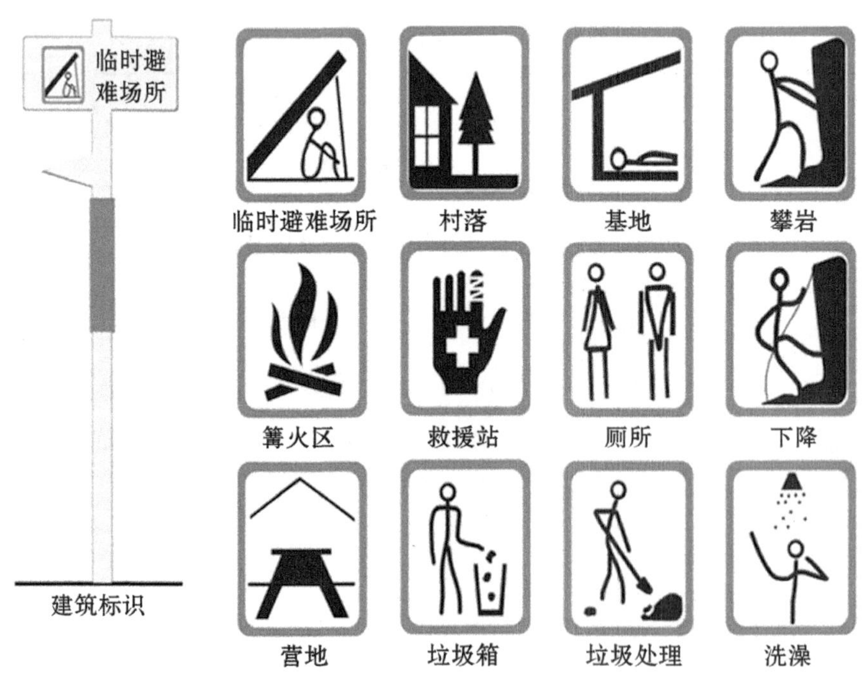

图 7 -6　建筑类标识

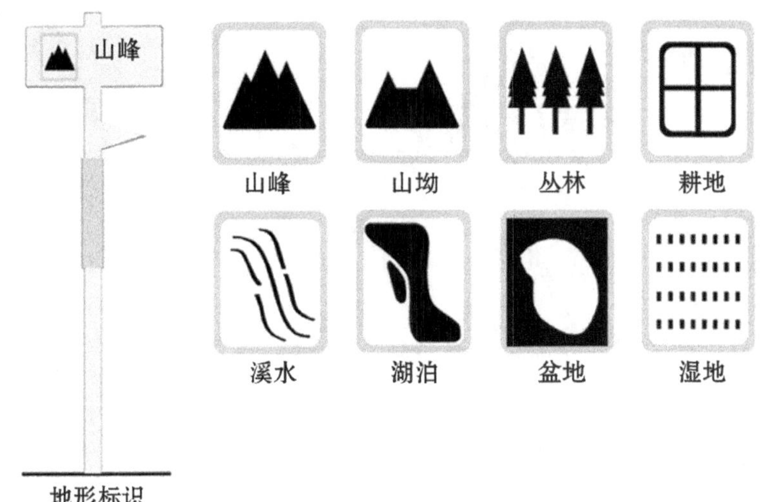

图 7－7　地形类标识

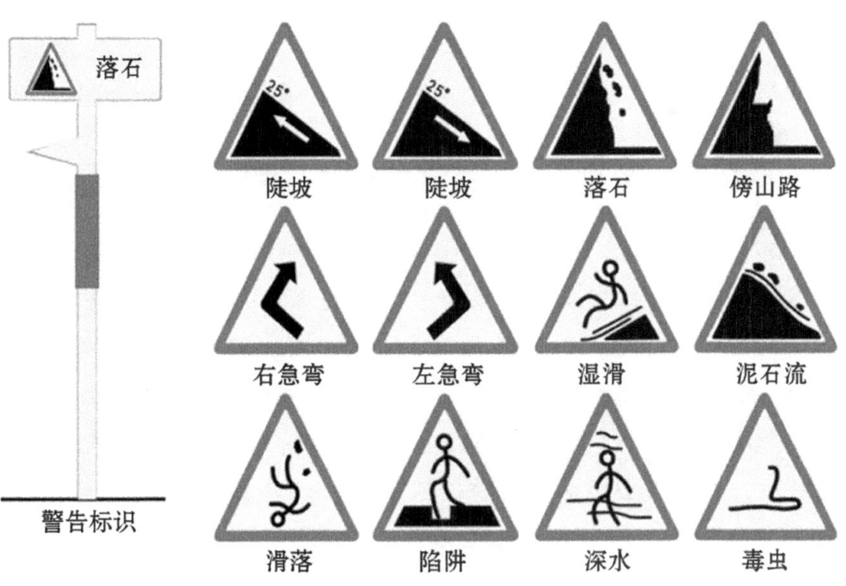

图 7－8　警示类标识

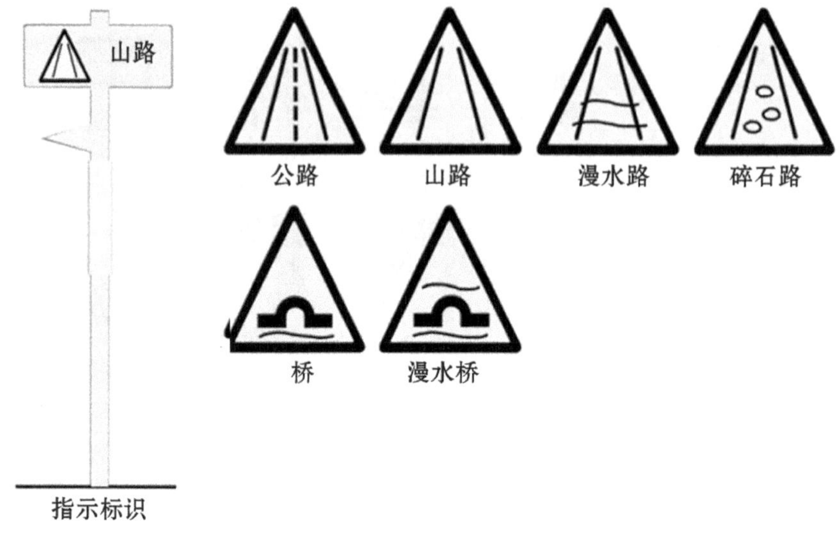

图7－9　指示类标识

【案例】

陕西800里秦川渭河沿岸全民健身长廊渭南城区段健身步道规划

800里秦川渭河沿岸全民健身长廊西起宝鸡市金台区宝鸡峡渠首，东至渭南市潼关县渭河入黄口，途经宝鸡市、咸阳市、西安市、渭南市及杨凌示范区和西咸新区“四市两区”（图7－10）。建设资金方面，省上统筹发改、财政、体育方面资源，以国家拨款、省上统筹、社会资本介入三者相结合的方式，共同为800里秦川渭河沿岸全民健身长廊工程筹集资金。建成后的全民健身长廊将是全省最大的全民健身场所，更是在全国居于首位。实现集中连片、生态最美、路径最长、运动价值最高的全民健身乐园、文化展示平台、旅游休闲目的地，将实现集体育、生态、文化、旅游于一体的渭河绿化生态带、滨水景观带、文化旅游带、休闲健身带，带动区域经济发展和城乡生活方式转变，提升沿岸群众生活品质，成为惠及群众的健身休闲乐园。

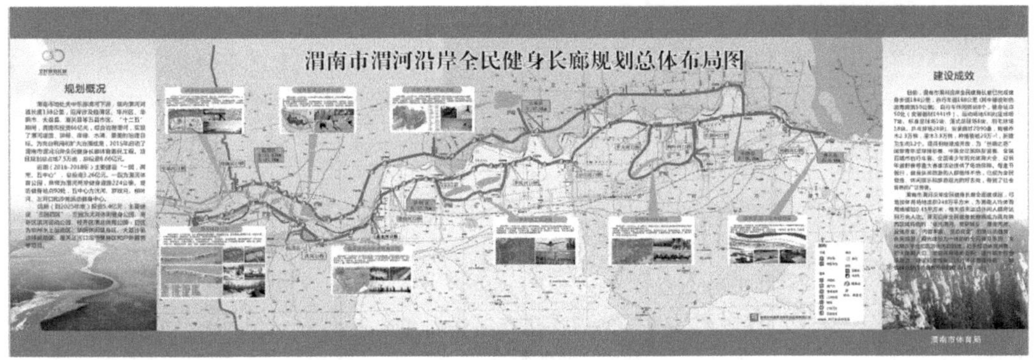

图7－10　800 里秦川渭河沿岸全民健身长廊项目规划范围

渭南城区段是全民健身长廊中的一部分，位于渭南市北部，依托渭河堤防而建，是一条集健身、休闲、旅游等多种功能于一体的健身步道，由自行车道、人行步道、绿化带、各个运动健身站点（观景平台）以及基础设施组成，形成约 8 公里的健身步道。充分结合地域文化和体育文化，旨在推动全民健身运动，打造市民健身旅行基地，丰富城市旅游、文化、环保和生态等相关产业内容，促进城市以及自然生态景区的可持续发展。

一、基本概况

渭南城区段始于南岸堤防（渭富大桥西 1 公里处——沈河口），整段沿渭河堤防而建，是依托自然环境优势和人文背景下兴建的一条集健身、休闲、旅游等多种功能于一体的健身步道，结合自行车道、人行步道和绿化带，建设贯串东西的运动慢行道。利用慢行道纵向串联各个运动健身站点，并沿河设立统一里程标识、运动标识标线、引导隔离措施，形成总长约 8 公里的健身步道。健身步道不仅方便群众健身休闲，还能举办自行车比赛等赛事。健身步道沿渭河而建，绿化带内的花草树木、体育文化雕塑、健身设施及基础设施等，既体现了自然景观与人文景观的结合，也体现了生态、旅游、健身一体化的理念。

二、设计理念

800 里秦川渭河两岸全民健身长廊渭南城区段体育文化专项健身步道（以下简称“健身步道”）的设计，以渭河沿岸为核心，按照“线、点、面”一体化的规划设计理念做好顶层设计，如图 7－11 所示，本着各具特色、有机统一的原则，统筹安排健身步道建设项目，充分发挥其社会综合效益，力争建设成集生态、健身、旅游、文化等多种功能于一体的全民健身步道。

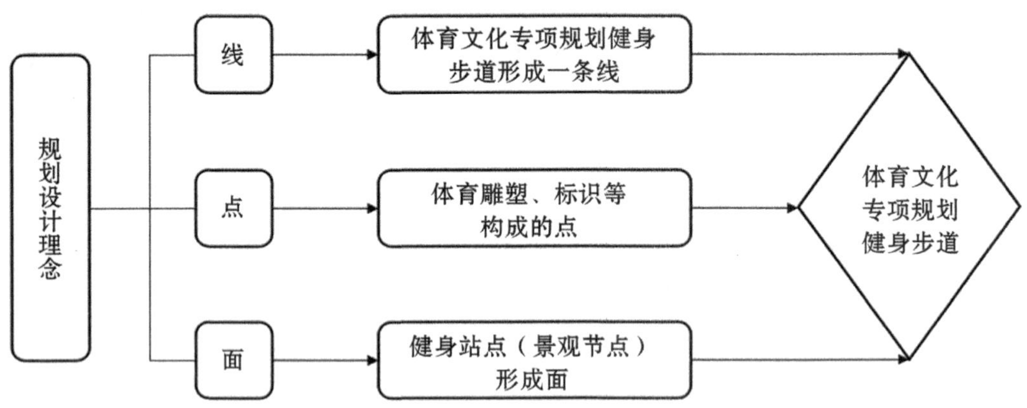

图 7－11　渭南城区段体育文化专项健身步道规划设计理念

设计思想以简洁、大方、便民；美化环境；以体育文化为主，地域文化为辅的原则，选择具有地域特色的绿色植物，使地域文化和体育文化相互融合，相辅相成，体育文化成为渭南市文化的另一种延伸。

充分发挥空地效益，满足体育文化氛围营造和市民的不同健身要求；坚持“以人为本”，创造一个健康的生活环境和体育运动环境，充分体现体育文化专项步道的设计思想。

三、景观设计要素

渭南城区段健身步道包括自行车道和步行道，全段约 8 公里，景观设计既要保持全民健身长廊的统一性，又要考虑不同年龄、性别和职业的需求，及企事业单位体育活动和民间赛事的需要，选取相对丰富的景观要素，并突出特色。

1. 地面铺装

图7－12 地面铺装

渭南城区段自行车道和步行道的铺装特点鲜明（图7－12），在步道色彩的选择上，辟出路段，将自行车道和步行道以颜色区分，红色为自行车道，灰色为步行道。自行车道是用彩色防滑路面材料（包括树脂和陶瓷颗粒材料）铺设，步行道由透水砖铺成。在自行车道上，直接用白色喷漆以项目符号和文字的形式喷在红色的车道上，在色彩上形成色差，醒目并与周围环境协调融合。符号清晰明了，更容易识别，充分体现标识的可识别性和功能性。

2. 标识系统

800里秦川渭河沿岸全民健身长廊的LOGO及导视系统全线统一。按照确定的LOGO和标识系统的要求，导视系统含各种地面喷涂标识、路标、各种场地指示牌、附属设施铭牌等，由陕西省统一确定方案，市区按照方案自行制作并印制相应的导引地图及健身运动指导手册。全线统一名称、统一地面标识和各类标志、标牌，以实现信息传递、识别、辨别和统一形象等功能，确保健身人群和游客能够清楚准确找到各类设施和目标。

3. 健身设施

步道旁分段设置健身路径，在功能上满足市民不同健身、休闲需要，丰富健身步道的使用功能。在色彩的选择上，与蓝天、自行车道呼应，体现了景观的整体性。

4. 绿化设施

绿化设施是健身步道必不可少的一部分，它是健身步道亮丽的风景线，能使健身人群在运动的同时感受大自然的魅力，充分体现生态理念。植物造景除注重季相时序、疏密关系外，还考虑纵向的植物群落变化和横向植物层次变化。

（1）建立沿岸纵向植物景观序列。绿地景观依赖于沿线植物景观的序列与节奏。在目所能及的范围内设成统一整齐但层次分明、丰富的植物景观。纵向植物景观序列以堤岸为统一元素，以各个景区为景观序列骨架，塑造区别与统一相结合的城市河道景观。

（2）建立横向植物景观层次。景观层次的建立从水面到红线沿空间高度变化，设有背景层、次背景层、前景层及近水景观层面，分成高大乔木、低矮小乔木、灌木层、广场道路活动设施、近水堤岸、植物层等层次，并根据各个景区设计成不同的个性，使之既富于景区特点变化，又兼具河道统一景观层次，达到三季有花，四季常绿的效果。

（3）绿化设计分4个层次。行道树大乔木、形成视线阻挡的小乔木及大灌木、灌木、低矮地被花灌木及草本植物。大乔木以规则行列式栽植为主，品种选用国槐、新疆杨、银杏、秋红枫等。绿化带的植被应根据当地气候条件做适当的选择。

5. 景观节点

所谓景观节点，是经扩展和强化而形成的相对突出的健身步道公共空间，也就是健身点。根据河道工程、滩区治理工程和支流河口防洪工程的建设条件，选择人口（村庄）集中、靠近堤防、有绿化景观和一定防洪能力的工程，在健身步道旁布置较大的河道健身点。健身点内设置各类运动健身场地和休闲娱乐场地。

堤防健身站点主要沿堤顶（堤坡平台）布置，以设置健身器材为主，渭南城区段南北岸大堤按500米一处布置，健身点利用堤顶绿化带和人行道改造建设，宽5~10米，长20米左右，每处面积为100~200平方米，设置健身器材10~20个。健身点同时可作为观景平台，建设亭廊、座凳和文化景观小品、自行车专用存放处及服务设施，如图7-13所示。

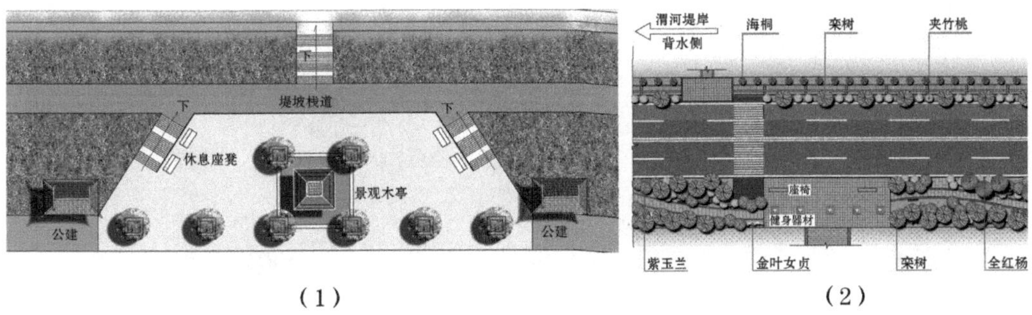

（1）　　　　　　　　（2）

图7－13　健身点效果图

6. 雕　塑

体育雕塑是健身步道中具有吸引力的重要景观要素，其设计取材于不同体育项目的运动瞬间，如图7－14所示，以两个大型组合雕塑和20个单体雕塑组成（共20个，分为10组。1组2个，图7－15），在河堤上每间隔720米布置一组于步道旁、河堤两岸的绿化带中，疏密适当，主线清晰，形成一定的序列感。

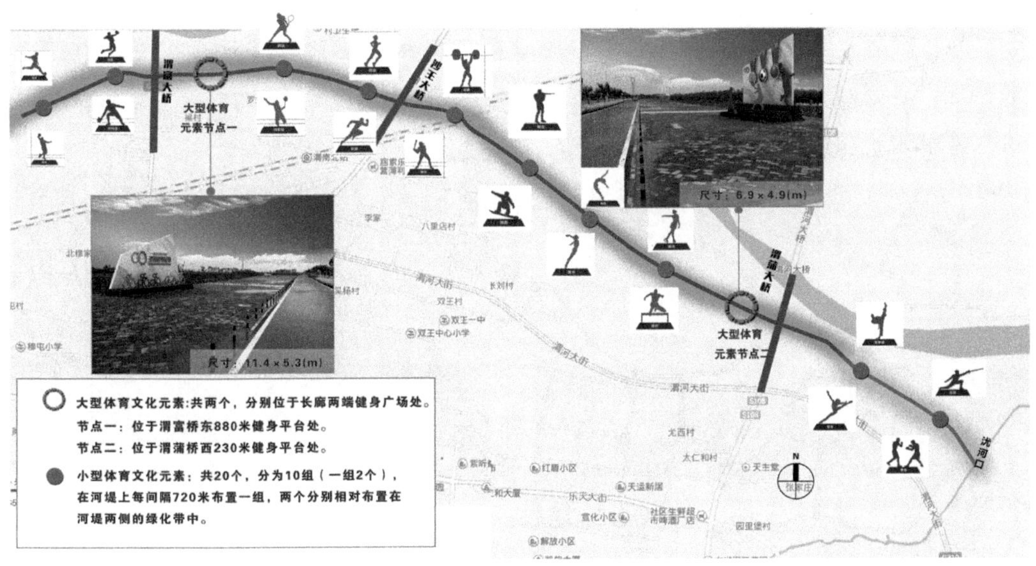

图7－14　雕塑布局效果图

(1)

(2)

图 7－15　单体对称雕塑

除单体雕塑外，还设计两个大型雕塑，分别位于步道两端健身平台处（图 7－16）。大型体育雕塑（1）以自行车骑行为主体，与自行车道相呼应，体现群众体育的快速发展；颜色上选择搭配奥运五环颜色，寓意张开怀抱、热烈欢迎社会各界人士和体现追求更快、更高、更强的运动理念。大型体育雕塑（2）采用体育竞赛奖牌和运动员的动作造型为设计元素，3 个运动员运动瞬间造型以阶梯状向上，分别与镶嵌在奖牌内的篮球、足球、网球项目交相呼应，更寓意我国竞技体育蒸蒸日上，再创辉煌。体育雕塑材料采用钢结构骨架，表面喷涂烤漆，安装快捷便利，将观赏价值和使用价值有机结合。

(1)

(2)

图 7－16　大型体育雕塑

四、功　能

体育文化专项规划健身步道有利于推动全民健身活动的开展，为广大市民提供运动健身场所，使渭河综合整治工程成为一项集防汛保安、旅游观光、健身娱乐于一体的惠民工程。渭南市健身步道在国家、省、市体育部门的支持下，不仅成了一个市民健身休闲的好去处，也成了一道亮丽的风景线。健身步道不仅能满足群众休闲娱乐健身，还能够举办自行车等赛事、全民健身趣味活动及各种企事业拓展培训，有利于推动渭南当地体育事业的发展，在一定程度上对未来陕西省场地设施建设、公共体育服务体系完善、体育活动开展将产生重要的影响。

问　题

1. 分析其景观建设特点。

2. 结合所学健身步道景观知识，试分析该健身步道景观还能融入哪些体育元素，为什么？

思考与讨论

1. 健身步道、登山健身步道的基本概念。
2. 试分析我国健身步道的标准和要求。
3. 试述健身步道的主要设计要素有哪些。
4. 从铺装材料的特性入手，分析健身步道地面铺装的设计。
5. 常用标识材料主要有哪些？应如何设计？
6. 结合实例分析健身步道的设计。
7. 分组设计一条健身步道。

第八章 体育景观环境资源的开发

【内容提要】 通过本章的学习，了解体育景观环境的特点，理解体育景观环境资源可持续发展的基本理论知识，掌握体育景观环境资源开发的内容、分类与模式。

人类社会生产活动的目的，归根结底是从生存环境中获取各种资源来满足人们生产和生活的需要。而资源开发与环境保护是对立统一的，只有妥善处理好两者之间的关系，在保护下开发，才能使生态环境系统保持良性循环。体育景观环境资源是资源的有机组成部分，其开发与保护遵循资源开发的规律，是一个系统工程，涉及多个部门，如管理部门、规划部门、使用单位等，它们之间相互独立，又相互依存。在实际操作过程中，需要打破部门和专业条块分割所形成的壁垒，从大局着手，从系统的关系进行综合分析和宏观调控，避免自成体系，造成资源浪费和重复投资。同时，体育景观环境资源开发的效果，还与公民整体环境意识和综合素质息息相关。

第一节　体育景观环境资源开发的内容与模式

随着社会经济的发展，许多国家出现了由于资源的不良开发而带来的自然资源减少和生态环境的恶化，可持续发展成为资源开发中值得关注的重要问题。体育景观环境资源作为提高群众参与率，以及赛事和旅游吸引力的重要资源，是体育发展的基础和先决条件，更为体育产业的发展奠定了基础。体育景观环境资源开发是通过适当的方式把体育景观环境资源及其所在地改造成具有吸引力的体育环境，从而使体育景观环境资源的吸引力得以发挥、改善和提高的技术经济过程。

一、体育景观环境资源开发的类型

体育景观环境资源的开发，应在了解资源特点的基础上进行。对于自然景观资源和人文景观资源，需分门别类地进行。

（一）资源的含义

资源指的是一切可被人类开发和利用的物质、能量和信息的总称，它广泛地存在于自然界和人类社会中，是一种自然存在物，或能够给人类带来财富的财富。一般可分为自然资源和社会资源。前者如阳光、空气、水、森林、矿藏等；后者包括人力资源、信息资源及经过劳动创造的各种物质财富。

景观资源是指自然界各种自然地理环境要素和人类各种社会活动和人文现象构成的，经过开发利用可以具有经济价值、社会价值、环境价值的元素，是一切可被人类开发和利用的客观存在，是人类赖以生存、发展的基础和源泉。随着城市化的发展，传统村镇为了适应经济发展从而新增的多种事物也为景观资源提供了更多的元素。根据不同景观资源的属性和成因，结合景观学科现阶段的深入发展，景观资源大致可分为自然景观资源和人文景观资源两种类型。

体育景观环境资源是在自然界或人类社会中，经科学合理的开发，能对体育参与者产生吸引力，以提升体育运动及体育游憩活动环境品质为利益，能够使人们在其环境品质中极为顺畅地进行与体育相关的活动，且能产生社会、经济、生态效益的各种事物与因素的总和，是景观资源和体育资源有机的完美组合。它是以体育资源和一定的体育设施为条件，以景观环境为衬托，通过景观内在的结构为体育健身活动提供高品质的环境，是体育学科与景观学科相互渗透的产物。它正以其特有的价值不断迎合着现代体育爱好者的需求，并日益成为国内外许多城市和地区优化体育产业结构的新突破点。

（二）体育景观环境资源开发的主要类型

体育景观环境资源的开发包括自然体育景观环境资源和人文体育景观环境资源的开发。自然体育景观环境资源是吸引人们前往进行体育活动的天然景观，具有明显的天赋性质，是使体育景观环境赋有吸引力的基础和前提，对它的开发应是在有利于生态环境保护的条件下善加利用，尽可能保持原貌。同时，应积极规划、开发人文体育景观环境资源，因为人文体育景观环境资源结构影响着人们的体育行为层次，进而框架了其目标市场结构。因此，在开发过程中，要建立相应的政策法规，合理规划，达到体育景观环境资源的最优化利用。

1. 自然体育景观环境资源的开发

自然体育景观环境资源即天然体育景观环境资源，是指那些只受到人类间接、轻微或偶尔影响而原有自然面貌尚未发生明显变化的景观资源（图 8－1、图 8－2），主要包括水体景观、地形与地质景观、植物景观、气候景观等。

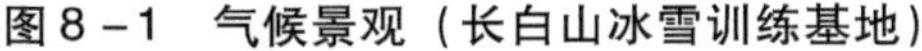

图8－1　气候景观（长白山冰雪训练基地）

图8－2　地质景观（西安火石攀岩俱乐部）

自然体育景观环境资源离不开特定的区域，对于体育景观应该是一定的地理地带内的一片占有优势的体育景观类型。一个国家或者地区的体育景观环境资源开发的规模和前景，很大程度上取决于该国家或者该地区体育生态景观的特色、丰度、分布及体育景观环境资源的开发与保护状况。自然体育景观是一个区域环境的复合系统，是体育景观环境资源开发赖以发展的物质基础。例如，国家体育场鸟巢的设计就充分利用了其周围的水体资源，开发了大片的湖泊，可以种植荷花等植物，尤其在晚上，鸟巢倒映在水中，成为一道亮丽的风景。

2. 人文体育景观环境资源的开发

人文体育景观环境资源是相对于自然体育景观环境资源而言，指那些受到人类体育活动直接影响和长期作用使自然面貌发生明显变化的景观资源。它主要包括体育建筑景观、体育绿地景观、体育雕塑、道路铺装和环境设施等。人文体育景观环境资源是地球表面体育文化现象的复合体，它反映了不同区域的地理特性及体育文化。人文体育景观环境资源的内容不仅包括那些可以感觉到却难以表达出来的“气氛”，还包括区域的一定经济水平、景观环境基础设施的建设，并依托一个或者几个中心城市，建立起来的能提供体育旅游活动内容的自然、社会、经济、文化综合体。

二、体育景观环境资源开发的内容

近年来，各类赛事的举办，极大地丰富了我国体育景观环境资源的内容，对资源的开发利用也逐渐走上正轨。随着体育景观环境资源在体育产业发展和城市更新中的作用突显，对体育景观环境资源开发内容和方式的科学性和合理性日益受到重视。

（一）景观环境基础设施建设和完善

体育景观环境中的各类基础设施与市政设施相交叉，诸如水、电设施，服务和交通设施等，在景观设计中除考虑使用功能外，要创新地展现出体育景观新形象，从而使基础设施摆脱传统的“重视功能、轻视外观”的做法，使功能和外观互利互惠，为资源开发提供新思路和途径。

（二）景观设施的配套

体育景观设施是与人们各类休闲健身行为相适应的物质内容和物质承担者，是体育景观环境的必要组成部分。多样化的体育景观设施有利于提高体育景观环境的吸引力，有助于形成多样化的休闲行为；同时，良好的设施能极大地激发和促进人们自发地进行体育活动，并在一定程度上提高居民休闲行为的舒适度和心理体验的满意度。鉴于此，在进行体育景观环境资源的开发时，应注重休闲景观设施资源的开发。由于人们体育休闲的需求和行为是不尽相同的，与之相应可以从事休闲活动的景观设施也是多种多样的。通常可概括分为体育艺术景观设施、体育娱乐设施、体育健身设施、休憩设施等。

1. 体育艺术景观设施

体育艺术景观设施指本身的实用性较弱，观赏和美化功能较强的设施，如体育雕塑（图 8 – 3）、水景、体育小品等。这些体育景观环境设施一般使用功能较弱，却有很强的精神功能，可丰富体育建筑空间，渲染体育环境气氛，增添空间情趣，陶冶人的情操，在环境中表现出强烈的观赏性和装饰性。这些设施的设计和设置必须注意作品的主题是否符合形式美的原则；设施的文化内涵是否与体育环境的整体风格相一致。不适当的设施非但无益于体育环境的美化，反而会破坏整个体育环境的精神品位。

(1)

(2)

图 8－3　体育设施与雕塑、水体

体育艺术景观设施在体育景观环境中起着特殊而重要的作用，它在丰富和美化人们体育生活空间的同时，又丰富了人们的精神生活，反映时代精神和地域文化的特征。体育界许多优秀的雕塑已成为城市标志和象征的载体。一座好的体育雕塑应充满人文情怀，能起到感化、教育和陶冶情操的作用。在体育环境中，不仅能形成场所空间的焦点，对点缀烘托体育环境氛围、增添体育建筑的文化气息和时代特征有重要作用，而且还有调节城市色彩、调节人的心理和视觉感官的作用。体育艺术景观设施的开发主要体现在以下几个方面。

（1）传承体育文化内涵。现代体育场所内雕塑、小品、水景等普遍存在，不但美化了环境，而且渲染了体育氛围，对人们起着潜移默化的教育作用。尤其是体育雕塑作品的文化承载力，对地域体育文化的体现、城市形象的提高占有举足轻重的地位，应挖掘地域体育文化中深层次的、具有独具风格和价值的内容进行展示。

（2）与体育环境的融合。体育景观设施需要一定的场地空间作依托，在设计时，要先对周围的体育环境特征、体育环境空间、城市体育景观等有全面准确的理解和把握，然后确定体育景观设施的形式、主题、材质、体量、色彩、尺度、

比例、状态、位置等，使其和周围的体育环境协调统一。

（3）体育情趣的营造。体育场地内的景观环境设施还应突出体育情趣的塑造，不能过于呆板，要结合体育素材进行创新设计，给人以优美视觉享受的同时，突出或幽默或愉快的精神享受。因此，在进行体育景观环境艺术景观设施的开发时，应尽量满足以上3方面的要求，更好地为人们所利用。

2. 体育娱乐设施

体育环境中的娱乐设施包括各种儿童游乐设施和成人游乐设施。这类娱乐设施能满足不同文化层次、不同年龄人群的需求，深受人们的喜爱。儿童游乐设施是为学龄前后的儿童设置的，包括游戏场地和器械。游戏器械包括秋千、木马、滑梯、跷跷板等，如图8－4所示。成人游乐设施包括模拟高尔夫球、极限运动设施、攀岩设施、户外拓展等。此类娱乐设施既给人们带来了乐趣，又能较好地提高身体素质，是儿童、少年和成年人能共同参与使用的娱乐和游艺性设施。娱乐设施应以活泼的造型、鲜明的色彩、舒适的质感，促进儿童、青少年和成年人身心健康发展。在进行体育景观环境娱乐设施的开发设计时，除了要满足儿童及成人的要求外，还要注意选择设置的位置。

图8－4　富有情趣的儿童游乐设施

3. 体育健身设施

运动健身设施主要包括标准的运动场地、室外健身路径及健身器材等。运动健身设施对人的最大意义就在于能否满足人们进行身体锻炼的需要，当人的需要得到满足时，这些设施就成为环境中一个积极的组成部分。运动健身设施的建设应注意以下几方面。

（1）适应自然环境的需要。对体育场所中的景观设施进行开发研究的目的就在于寻找人与体育景观设施和谐相处的最佳契合点。当人们对体育景观设施的需求得到充分满足时，体育景观设施也因人的使用而生机勃勃，人与设施成为和谐有机的整体。体育景观设施作为体育环境中的一个重要组成要素，其对自然环境

的适应主要表现在设施空间组合及设施尺度对自然地形地貌的适应，对自然气候环境的适应，在材料选择、造型或者结构等诸多方面与自然环境的呼应。在处理体育景观设施的开发与自然环境的关系中，应尽量立足于对自然生态的保护，立足于保护与体现自然环境的自然属性。在寻求人与自然环境，人工设施间的协调的基础上，满足人类的需要，是体育景观设施开发的一个重要内涵。

（2）适应体育社会环境。体育景观设施作为地域体育环境中一种外在的设计表达方式，通过其外在的造型形式和内涵来表达自身的体育文化形态，反映和体现特定区域、特定环境、特定历史时期的体育文化积淀。具有明显特征的体育景观设施会给人留下深刻、清晰的印象，提高体育环境的吸引力。

（3）适应体育建筑的室外空间。就体育建筑室外环境而言，其空间是指由体育建筑、道路、地面和其他各种界面围合而成的，从大自然空间中分隔出来的、较小的、为居民户外体育锻炼、健身服务的外部空间或场所。体育休闲景观设施作为构成空间的实体要素，是人们休闲活动的空间装置和依附，它们构成一定氛围的环境内容，体现着不同的功能，为居民能在空间环境中更加轻松、舒适、便利等提供了方便。运动健身设施是居住区空间环境中不可或缺的整体要素，它需要融入体育整体空间环境中，同时又不失个性。因此，必须与具体的体育环境条件相适应和协调，以人们的需求和安全、健康、舒适的健身基准为目标，构想和表现出不同需求的设施，来使空间和景观环境相互融合并具有亲和力，产生人与空间环境、人与设施之间的相互关系。如图 8 -5 所示，将健身设施设置在惬意的植物绿化环境中，给锻炼者以舒适宜人的感觉。因此，在进行体育景观环境资源开发时，运动、健身设施已成为不可或缺的一部分。

(1)

(2)

图 8－5　绿树掩映的体育设施

（三）体育旅游市场开发

体育景观环境资源是进行全民健身活动必不可少的硬件设施，也是发展体育旅游的重要载体。随着我国全面建成小康社会步伐的加快，人民对体育健身的需求不断增加，丰富的体育景观环境资源的开发为我国体育旅游业的蓬勃发展奠定了基础。与此同时，在我国经济社会发展呈现出消费引领、供给驱动的特征之下，使得参与体育旅游的人数越来越多，国家和政府对体育旅游的重视程度也越来越高。

如果说旅游业是最具发展潜力的朝阳产业，那么，体育旅游将是朝阳中的新亮点，是国民经济新的增长点。它将地域文化、体育文化、自然生态、民生等有机结合和联动发展，能够在释放高效、综合的经济效益的同时，产生巨大的和谐社会价值，是经济新常态下最好的、促进和谐社会可持续发展的内生驱动力。体育旅游作为带动我国旅游产业转型升级的重要力量，除具有传统旅游的功能外，还具有健身功能、娱乐教育功能、丰富社会感情、推动体育消费的功能。

1. 良好的体育景观环境资源是提高体育旅游吸引力的前提和基础

以 2008 年北京奥运会主会场鸟巢为例，在后奥运时期，据相关数据显示，仅半年，鸟巢收入已超过 3 亿元，“十一黄金周”期间，鸟巢日客流量已达 8 万人，现在平均日客流量也达到五六千人。这些成绩的取得，离不开鸟巢及其周围体育

景观环境资源的开发。鸟巢建筑本身加之其周围的绿地、水体及环境基础设施包括照明设施、电力设施、服务设施、交通设施等的开发建设，都大大激发了旅游者的兴趣。作为体育赛事的载体，鸟巢不仅承办了各种大型的体育赛事，而且满足了人们对旅游的需求。

体育旅游是一种主要以获得心理愉悦和强身健体为目的的审美过程和康复过程。在开展体育运动旅游项目时，要整合体育景观环境资源，充分利用，使旅游者获得心理愉悦体验，满足体育旅游者的个性需求。

2. 体育旅游市场的开发有利于促进地方经济发展

一般的旅游市场主要是以古迹参观、文物赏析、自然观赏等观光旅游产品为主。各地旅游产品最大的缺陷来自观光旅游资源本身，以往浓重的人文、古朴的文化、厚重的历史等使得旅游缺乏趣味性和娱乐性，旅游者重复体验、广泛参与程度相对较低。而体育旅游重在体验，具有趣味性、娱乐性、挑战性等特点，可以满足不同旅游者在旅游时追求身心愉悦、求新求变、惊险刺激、挑战自我的心理需求，能够很好地弥补观光旅游的缺陷，满足不同旅游者的需要。

（1）加快地方经济发展。旅游业的全面兴旺，可以极大地促进第三产业迅速发展，能为当地的交通业、餐饮业、酒店住宿、商业零售、娱乐等相关服务行业带来商机。体育旅游主要是为了满足人们对于锻炼身体、愉悦身心、追求刺激等心理需要而产生的行业，是一种不同于普通消费的体育消费方式，其发展前景好、市场空间大、带动能力强，能够挖掘与激发潜在的消费需求，因而它产生的经济作用也是巨大的。2008 年后，全球旅游业在金融危机中受到严重的冲击，旅游业表现较为低迷，但北京由于成功举办了奥运会，旅游市场依然坚挺，鸟巢、水立方等奥运场馆也成为旅游者竞相参观的对象，进而持续刺激地方消费市场、拉动内需。在经济发展新常态的背景之下，体育旅游市场的开发也成为发展新兴消费领域的重要环节。

（2）丰富全民健身体系。体育旅游是旅游者在旅游中所从事的各种身体娱乐、身体锻炼、体育竞赛、体育康复及体育文体交流活动与旅游地、体育旅游企业及社会之间关系的总和。科学的健身性是体育旅游区别于其他形式旅游的最主要的特征，经常性进行体育旅游可以强身健体、缓解压力、突破自我。旅游者在活动

中，一方面可以呼吸新鲜空气，锻炼身体，形成健康的生活方式；另一方面也可以放松心情、愉悦身心，缓解和消除心理疲劳，感受独特的体育运动氛围。在国家大力推进全民健身运动过程中，体育旅游成为广大城镇居民乐于参与的一项体育活动，依托旅游景区、度假山庄而建的户外体育营地已然成为当今的潮流与趋势。

三、体育景观环境资源开发的模式

体育景观是城市历史与文化的积淀，通过对景观空间秩序和要素的组织、景观语言的表述和深化，可以提高城市人群及旅游者对城市的认知感。

（一）体育景观环境资源开发的基本原则

体育景观环境资源开发的基本原则主要有3个。

1. 效益统一原则

体育景观环境资源的开发与利用，必须研究和预测其开发后的效果和利益。它包括经济效益、社会效益、环境效益3方面。经济效益是体育景观开发经营活动的一部分，就是要追求以最小的投资获取最大限度的经济效益。并且，在讲求经济效益的同时，也应重视社会效益和环境效益。体育景观环境资源的开发要实现社会、经济和环境的可持续发展，形成区域体育景观的良性循环。生态化场馆建设、绿色营销理念等体育景观发展新模式正在改变着传统的发展模式。

2. 科学管理原则

科学管理是体育景观环境资源开发和保护的关键。要把体育景观环境资源的开发作为一项系统工程来考虑和管理，对各类资源要素统筹安排，并调和、优化开发项目结构，使体育景观环境资源和其所开发出的各种功能相互协调；同时也要协调与交通运输、风景园林、生态环保、文化文物等部门和行业的关系，衔接好体育景观环境资源的数量、质量、特点、空间布局、项目的选取、目标消费者等各个方面，避免破坏资源的现象出现，实现整体的最优化利用。

3. 共同参与原则

体育景观环境资源的开发要与城市建设和规划、城管、园林等部门配合，依靠体育景观人员，城市园林景观的组织人员、设计人员，园艺、施工人员的密切配合，立足于大众需求，以现有体育资源、环境等条件为基础，以满足多数人的需要为目的，来开发和设计体育景观环境资源，吸引更多的人参与体育运动，同时探索体育和旅游、文化、健康、养老、教育、培训等相关产业融合发展的新模式，丰富体育产业的内涵和外延，在延伸产业链的同时，推动我国体育产业的发展。此外，体育景观环境资源还应与当地其他旅游景区景点保持互补。

（二）体育景观环境资源开发的主要模式

体育景观环境资源开发的模式主要有资源主导型开发、市场主导型开发、政府主导型开发和复合型开发。

1. 资源主导型开发模式

资源主导型开发模式是依托有体育景观潜力的自然资源和人文资源进行开发，使其具备开展体育活动的必要条件，并逐渐成为可被体育产业长期利用、对体育参与者有吸引力的现实体育景观环境资源。这一模式是为了获得最佳经济、社会和环境效益，以体育景观环境资源为核心组成的具有一定地理范围的协作区域，其最终发展目标是实现体育景观环境资源开发利用集约化，促进区域体育事业的整体可持续发展。

资源主导型开发模式在体育景观环境资源价值优势十分明显，对于区位条件一般，区域经济不是很发达的地区，可以充分发挥地方特色，通过国家在资金、政策上的扶持，选择有代表性的项目合理布局，有重点地进行开发，使体育景观环境资源的吸引功能得到最大限度的利用，完成资源优势向产品优势的转化。

例如，青海是一个经济条件、竞技体育发展水平相对落后的西部省份，但却在体育领域频频创造奇迹。2004 年，青海省政府决定构建环青海湖民族体育圈。青海湖位于青藏高原东北部，距省会西宁市 151 公里，独特的高原体育资源和地理环境为开展自行车、登山、攀岩、滑冰、滑翔、跳伞、滑雪、热气球、江河漂流以及探险等活动提供了便利条件。环青海湖国际公路自行车赛、国际攀岩赛、国际抢渡黄河极限挑战赛3大国际品牌赛事让越来越多的人开始关注青海、关注青海体育，青海体育也充分利用现有资源优势，不断开发新的体育品牌。

2. 市场主导型开发模式

市场主导型就是从分析、研究市场出发，对市场进行细分，确定目标市场，针对目标市场，对区域景观环境资源进行筛选、加工或再创造，设计、制作、组合成适宜人们进行体育活动的景观，并通过各种营销手段推向市场。也就是说，根据市场“导”资源，将资源的筛选、加工、再创造导向市场需求，让资源与市场对接。资源有了市场的引导，其分析和评估既可以保持专业化水平，又具有市场实际意义的规范化和科学性，可使资源充分转化为经济效益。这是“市场—资源—产品—市场”的循环发展的规划思路。

市场主导型开发模式是在体育旅游资源特色不是特别突出，但当地区位条件和区域经济条件十分优越，距客源市场较近的地区，可以在对市场进行细分的基础上，以参与者的需求为导向，进行产品的全面开发，最终实现经济效益、社会效益和生态环境效益的均衡发展。

例如，上海倾力打造“城市体育景观”新品牌，积极开发人文体育景观资源，为热爱休闲健身的人群建设了高尔夫球场、大型的滑草场和室内滑雪场；与之相配套的基础设施、交通设施等也一应俱全，并在此基础上积极支持“互联网+”模式，努力为公众营造良好的休闲运动氛围。这些新兴城市体育景观、标志性建筑与时尚体育运动的有机结合，极大地激发了大众参与体育旅游的兴趣，使景观体育得到迅速发展，也展现出上海蓬勃发展的城市魅力。

3. 政府主导型开发模式

政府主导型是指在体育景观环境资源开发的初期，凭借政府的导向投入及协调能力优势，使其能实现较快速发展。

在国家体育总局的指导和省政府的领导下，在发挥当地各级政府及职能部门调控和引导作用的基础上，强化体育景观目的地所在政府的引导、监督职能，营造有利于体育活动景区发展的法律环境、政策环境和竞争环境。政府指导下的企业化经营模式要求体育景观环境资源的特色较强、开发价值高；要求体育景观目的地人力资源数量充足、管理人员的综合素质良好。

例如，2003 年，长春市引入了瑞典瓦萨国际越野滑雪赛这一享誉世界的著名赛事。2004 年，以前的中国长春净月潭冰雪旅游节正式更名为“中国长春净月潭冰雪旅游节暨净月潭瓦萨国际滑雪节”。借助这一赛事，长春市积极开发冰雪体育景观，主要包括体育文化景观、体育艺术景观和冰雪体育旅游等。此活动由长春市人民政府、中国滑雪协会、吉林省旅游局、瑞典诺迪维国际发展公司共同主办，按照“政府主导、社会参与、企业化经营、市场化运作”的经营管理机制运行。特别是我国成功申办 2022 年冬奥会，为冰雪运动的繁荣发展带来重大机遇，同时，以冰雪运动为代表的几项运动产业发展规划出台，契合了公众与市场的期待，更是为长春大力发展以冰雪旅游、冰雪运动为载体的体育产业带来了新契机，从而更好地刺激居民消费，拉动经济增长，推动冰雪体育产品的开发建设和全民健身运动的发展。

4. 复合型开发模式

复合型是指在进行体育景观环境资源的开发时采取以政府为导向、以市场为主体、以资源为依托的多角度的、全面的开发模式。

体育景观环境资源的开发首先要依托有体育景观潜力的自然资源和人文资源，良好的资源储备是进行开发的前提和基础。在开发初期，受资金及其他条件限制，一些体育景观环境的基础设施及交通状况多由政府及相关机构负责协调完善。到了开发的中期，将迎来发展期和稳定期，体育旅游市场对体育景观环境资源的要求越来越高，体育景观环境资源开发的社会融资渠道也越来越宽，在这一阶段里，要及时了解市场需求情况，鼓励社会资本的介入，并对区域景观环境资源进行筛选、设计。通过分析我国目前体育景观环境资源状况及开发情况，体育景观的开发应在“以政府为导向、以市场为主体、以资源为依托”这一开发模式的依据指导下进行，选用适合不同地区的、多角度的、全面的开发模式。

第二节 体育景观环境资源的可持续发展

体育景观环境资源由自然体育景观环境资源和人文体育景观环境资源两大部分组成。完全没有人文因素的纯粹自然景观虽然是存在的，但是一旦这种自然景观被开发为体育景观后，它或多或少总要融入人文因素，且优质自然景观并不拒绝与恰当的人文景观相结合。自然景观一旦被开发，它也就成了“人化”的自然，可以说，任何体育景观都可以称为体育人文景观。不仅自然景观借助人文因素而声名倍显，体育人文景观也常常借助自然条件更增魅力，二者总是通过相互融合而达到具有更深的文化蕴意与更高的审美魅力的境界。整个环境中的资源总是有限的，如何循环利用，保持资源的持续发展，是体育景观环境资源开发中面临的现实问题。

一、可持续发展的内涵

联合国环境规划署在1989年第15届理事会通过的《关于可持续发展的声明》中指出：可持续发展是指既满足当代人的发展，又不对后代人满足其需要的能力构成危害的发展。随着我国社会和经济的发展，可持续发展问题已成为人们关注的热点问题。因此，把握体育景观环境资源可持续发展的内涵，也应从以下3个方面入手。

（一）社会效益的持续性

促进人类社会的发展和进步是任何人类活动的共同目标。体育景观环境资源的开发是为了提高人们的生活质量，营造一个健康、和谐的体育健身环境，使人们获得身心的愉悦。因此，追求社会效益的持续性，促进社会的发展，是体育景

观环境资源开发的最终目标。

（二）经济效益的持续性

在以人为本、保护生态环境的原则指导下，体育景观环境资源的开发和利用，能够吸引更多的人步入体育场馆环境中，体验健身的乐趣和各类活动所带来的满足感，促进了体验经济的发展。而经济效益的持续发展不仅要重视经济增长的数量，还要重视经济增长的质量，倡导科学的集约型增长方式。

（三）生态效益的持续性

体育景观环境资源的利用，要充分体现人与自然环境的协调，发展必须以保护自然和环境为基础，使经济发展和资源保护的关系处于相对平衡、协调状态。众所周知，自然景观资源和传统景观资源是不可再生的，在环境资源开发中，要对自然景观资源和传统景观资源善加保护和利用，保护体育景观环境的生态完整性，减少对生态环境的破坏和干扰，以利于自然特征和历史的延续，使开发活动在自然环境的承载能力内进行，从而实现生态效益的可持续发展。

二、可持续发展的特征

在体育景观环境资源中，社会效益、经济效益和生态效益的可持续性虽表现形式不同，但却存在着共有的特点，有着千丝万缕的联系。

（一）协调性

生态、经济与社会的发展是可持续发展的前提，没有协调发展，就不可能实现可持续发展。在体育景观环境资源的可持续发展中，生态、社会与经济各系统间应优化组合、和谐有序，保持系统中各要素之间在结构、功能、区域和时段上的协调发展。要充分考虑生态环境的承载能力、经济社会的发展水平等要素，保持适度的发展规模，促进体育建筑区域内各类活动协调、稳定、健康、持续的发展。

（二）合理性

体育景观环境资源包括自然景观环境资源和人文景观环境资源，每种资源又由不同的要素组成，应避免资源无价或低价开发的现状。针对不同属性的资源，开发和利用时应采取不同的方法。对不可再生资源应提高使用效率，并积极寻找替代性资源，以减缓其损耗时间；对可再生资源，则尽可能在其承载能力范围内利用。

（三）系统性

体育景观环境资源的开发和利用是一个系统工程，涉及多个部门，如管理部门、规划部门、使用部门等，它们之间既相互独立，又相互依存。在实际操作过程中，需要打破部门和专业条块分割所形成的壁垒，从大局着手，从系统的关系进行综合分析和宏观调控，避免各自为政，自成体系，造成资源浪费和重复投资。

三、可持续发展的途径

可持续发展是一个长期的、复杂的过程，2014 年，国际奥委会推出《奥林匹克议程 2020》的改革方案，将“可持续性”列为首要目标，加之我国的资源状况和环境要求，使体育景观环境资源的可持续发展之路成为必然，具体应从以下几方面着手。

（一）扩大资金来源

资金短缺是资源保护的主要障碍，体育景观环境资源的保护和利用必须有必要的经济保障。受国情所限，由国家划拨的资源保护经费十分有限，开展保护工作捉襟见肘。因此，只有努力扩大资源保护的资金来源渠道，才能达到维护和利用资源的目的。北京奥运会的成功与一流的体育场馆和环境是分不开的，同时，奥运会的筹办也为中国甚至世界，在体育景观环境资源（体育场馆）融资渠道创新方面注入了新的血液。

体育景观的建设资金来源必须多元化，仅靠国家投资不仅远远满足不了需求，还可能影响可持续发展。采用多元的筹资方式，加大市场经济在体育景观建设中的地位，可以将体育景观更好地与市场结合起来。体育景观建设资金来源的多方面，可以使社会各界认识到体育景观的重要性，缓解国家在建设体育场馆时资金的短缺，并将企业推向一个主要投资建设者的位置，由企业与政府共同完成，构建政府、市场和社会多元化创新体制机制，将体育景观资源市场化，这是符合体育景观发展大趋势的，有利于体育景观环境资源的可持续发展。

（二）提高公众环境保护意识

保护生态环境，成功管理自然资源的关键之一是鼓励公众参与，使人们清楚自己在环境保护方面的权利以及如何运用这些权利。解决这些问题，一方面是管理机构要充分认识到公众参与的必要性，使公众获取到清晰易懂的信息，同时，增强公众的环境知识和环保意识，使环保宣传社会化、环保意识全民化，形成环保事业人人参与、社会舆论广泛监督的环境保护工作局面。

里约奥运会让人们看到了一个清新的生态奥运雏形：其制造奖牌绶带的原材料有一半取自回收的废塑料瓶，回收塑料瓶同时还用于多处公共场所的艺术品中；除此之外，里约还将新型塑料广泛地用于运动器械、人工草坪、体育设施等诸多领域，既提醒人们意识到生活中的塑料污染，也告诉人们合理使用塑料，有助于可持续发展，将生态环保意识延伸到社会，潜移默化地影响大众的环保意识。

（三）建立循环体育景观环境资源开发

循环经济是“资源—产品—再生资源”的闭路式的反馈流程经济模式，是在物质不断循环的基础上发展经济，在生产和生活过程中运用链的技术，建立起不同层次的循环连接，实现良性循环，达到经济、社会、环境相统一。目前，大多数体育景观的开发只停留在“资源—产品”这一环节上。在悉尼奥运会中，主办方很好地利用了这一模式，先是利用废旧的木材等一系列材料建造成体育馆，在赛后将其拆除，还原当地的自然环境，然后将拆除了的材料进行再加工，构成新的景观。

随着经济的发展，人们生活水平的提升，对于体育赛事及体育消费的参与热情越来越高，参与体育的热情也越来越高，这就要求体育景观环境能更好地为人

们服务。只有建立“资源—产品—再生资源”这一开发模式，使体育景观环境资源形成一个良性的循环过程，才有利于保护生态环境，使人们在清新宜人的环境中从事体育健身活动。目前，国内外一些体育景观环境资源的开发利用越来越向循环开发方向发展。

（四）重视利益均衡

随着我国社会主义市场经济体制的建立与完善，特别是在成功举办北京奥运会后，体育景观环境资源已积极探索面向社区，面向市场，服务大众，逐步实现体育景观环境资源与社区共享的新路子，既为市民健身运动提供体育资源服务，又为体育的可持续发展筹措资金，实现社会效益与经济效益的双赢。

【案例】

青海省着力打造“生态体育”品牌

青海省山脉高耸，地形多样，河流纵横，湖泊棋布。同时，因地处偏远，青海省又是一个经济条件、竞技体育发展水平相对落后的西部省份，但却在体育领域频频创造奇迹，令世人瞩目。2002 年，青海省开始打造亚洲顶级赛事环青海湖国际公路自行车赛；2004 年，青海省政府决定构建环青海湖民族体育圈。随着人们生活水平的提高，人们越来越渴望通过亲近自然、回归自然，从而达到健康身心的目的。为顺应这种潮流，近年来，青海省也抓住有利时机，利用自身生态资源，不断推陈出新，打造了许多品牌赛事。这几年，不甘落后的青海省不断创新、不断超越自己。继环青海湖国际公路自行车赛、国际攀岩赛、国际抢渡黄河极限挑战赛 3 大国际品牌赛事之后，这个生态大省、经济穷省，又打出了一张生态体育牌——行走“中华水塔”国际徒步活动，不得不说，这是青海省打造的又一品牌。

一、生态青海体育更精彩

青海省因地处偏远，是一个欠发达省份。可是，青海省的体育事业却走出了特色，让发达省份惊叹。青海省独特的自然禀赋，造就了青海省打造“生态体育”的先天沃土，高山大川、蓝天白云、草原沙漠、田园风光更成为各地“驴友”们

绝佳的户外徒步场所。

青海省正是利用这些资源，近年来，打造了许多品牌赛事，如青海岗什卡亚洲滑雪登山交流大会，则是看中了岗什卡得天独厚的自然资源，而岗什卡上的天然雪，让滑雪者流连忘返。2014 年，围绕打造行走“中华水塔”国际徒步活动这一主题，青海省体育局先后成功举办了魅力黄河行、金银滩露营、穿越柴达木徒步、走进新玉树徒步、阿尼玛卿大型环山活动、行走母亲河等系列户外徒步活动，得到了广大户外爱好者的一致认可，呈现出定位高、创意新、特色浓、人气旺、经验足、效果好的特点。

青海省通过举办这些系列活动，倡导了绿色、低碳、生态、健康的环保理念和生活方式，生态体育理念正在享有“三江源”“中华水塔”美誉的青海大地蔚然成风，“户外徒步、畅享自然”的生活方式正在悄然形成，行走“中华水塔”户外主题系列活动正逐渐成为青海省体育发展的又一新亮点。

二、体育赛事绿色在“心中”

青海省是欧亚大陆上孕育大江大河最多的区域，是全国和东南亚地区重要的生态屏障、北半球气候变化的启动区和调节区，有着重要的、无可替代的生态战略地位和生态环境价值。正是基于这个原因，生态在青海省各级政府的工作中被摆在了至关重要的位置。体育，作为一项绿色产业，不忘为生态增添一分“绿色”。以 2014 年为例，年初的第一项大型体育赛事青海国际冬季抢渡黄河极限挑战精英赛，主题便是“爱我黄河挑战极限”。

以“绿色、人文、和谐”为主题的环湖赛，将“绿色”放在第一位，也正是考虑到了青海湖特殊的生态地位，不仅在线路设计上体现得淋漓尽致，在比赛中更是讲究绿色环保。行走“中华水塔”国际徒步节，沿途除了脚印，不留其他的任何东西，无不显示出赛事组织者的用心良苦。作为一项体育赛事，对环境保护起到的作用肯定是有限的，但是它对于增强人们保护生态环境的认识，无疑是有益的。就像环湖赛，把世界的目光都引到了青海湖，让人们能够认识青海湖以及青海湖生态的重要性，这在一定程度上也是一种环保意识的宣传和普及，唤起人们对青海生态的关注，进而保护生态。

三、梦想体育携手向前走

大美青海给了青海体育更广阔的天地，而青海体育赋予了大美青海更多的

“绿色”。通过不断举办赛事，青海省每年吸引了数十万来自国际、国内和本省的运动员、裁判员参加比赛，赛事筹备工作者、志愿者和普通群众，他们既参与了赛事活动，是绿色运动的参与者，更是传播体育文化的使者，他们怀着对绿色运动与健康人生的精神追求，以推进全民社会体育活动普及的坚强信念，共同搭建起一座和平、友谊、幸福的桥梁，谱写了绿色健身运动的华丽乐章。这些体育赛事，通过倡导健康文明的生活方式，将环保、自然、简约等元素融入体育运动之中，巧妙地将项目安排在青山绿水之间，以大众喜爱、亲近自然、贴近生活的比赛项目为主题，突出比赛的文化性和观赏性。通过比赛，让更多的人认识到青海生态环境对于中国，乃至世界的极大影响，从而让他们加入保护生态的行列，共建绿色、健康的美丽家园。

古语道：“横看成岭侧成峰，远近高低各不同。”当高原恶劣的自然环境，当保护生态和经济发展成为青海省一对无法调和的矛盾的时候，生态体育成了最佳的切入点，广袤的草原和戈壁，无人问津的沙漠和冰川……这些过去制约青海省发展的不利条件，一旦进入生态体育的范畴，就又成了独一无二的卖点。于是，行走“中华水塔”国际徒步活动让世人感觉眼前一亮，这不就解决了多年来人们苦苦探寻的青海生态发展的道路吗？同时，也找到了变劣势为优势的突破点，找到了青海体育如何与旅游、文化融合的最佳途径，以及如何将自然禀赋的潜在优势转变为优势资源的途径，而且令世人没有想到的是，将优势资源转变成阳光经济的体育资源，不能不说，这又是青海省这样一个落后地区因势利导的一次创举，是青海省率先推出的一个体育“绿色产品”。

截至2016年，青海省打造了10项国际品牌赛事，20项国家级品牌赛事，百余项省级品牌赛事。通过品牌赛事的推动，不仅展示了青海体育的力量、形象与自信，更提升和推动着青海形象、青海力量和青海人的自信。随着首届中国青海国际冰壶邀请赛的成功举办，青海省国际赛事架构得到进一步拓展，可谓一年四季都有国际赛事落地青海省。通过国际赛事的举办和推动，青海省各项体育基础设施建设不断完善；全省融合创新发展，积极推动“体育+”“赛事+”，以环湖赛为龙头的十大品牌赛事经济社会综合效应明显，体育与文化、旅游、教育、商贸、金融、信息、传媒等深度融合，探索发展出良性循环的路子，催生了一批新业态。同时，体育项目投资、市州县文化体育活动场馆覆盖率、人均体育场地面

积和全省经常参加体育锻炼的人数比例都在逐年上升。细数落地青海省的国际赛事，“亲民”赛事还真是不少，全民健身的氛围也越来越好。环湖赛带动绿色出行的生活方式，射箭赛进一步丰富了青海省广大农村群众的生活，行走“中华水塔”更是激发了更多人“青海那么美，徒步去看看”的强烈愿望。冰雪运动就更不用说了，发展冰雪运动项目，既能弥补青海省冬季体育运动的短板，满足群众多元化的健身消费需求，又契合生态文明建设的方向和要求，同时，对“三江源国家公园”建设也将起到积极的促进作用。在《青海省加快发展健身休闲产业行动计划》中明确提出，到2025年，重点打造100个体育精品项目，培育100个省级体育产业基地，建成100家汽车摩托车营地，建设100个高原运动休闲特色小镇，带动100万人参与冰雪运动，最终实现百亿元健身休闲产业总规模；着力把青海省打造成为“世界级高原户外运动胜地”“最让人向往的高原生态健身休闲目的地”“丝绸之路体育旅游聚集地”。

问　题

1. 用可持续发展理论论述青海省生态体育景观环境资源的开发。
2. 青海省生态体育品牌的打造，对我国体育旅游的发展有什么启示？

思考与讨论

1. 体育景观环境资源的特点是什么？
2. 什么是自然体育景观环境资源？
3. 体育景观环境资源开发的基本原则有哪些？
4. 试述体育景观环境资源开发的主要模式。
5. 可持续发展的内涵是什么？

第九章 体育景观环境评价

【内容提要】通过本章的学习，了解体育景观环境评价的目的与意义、体育文化景观的构成；理解体育景观环境评价的实施流程、体育景观环境评价的定性评价方法；掌握体育景观环境评价的内容和定量评价方法。

从环境学的角度来看，体育景观环境是由体育建筑及其周边具有明显视觉特征的景观实体所组成的空间关系，包括自然景观资源和人文景观资源，这些景观氛围的营造体现的不仅是景观本身所具有的环境功能，更重要的是创造了一个良好的、舒适的运动环境空间。随着人们健身需求的不断提高，体育景观环境质量已经直接影响人们的心理、生理及精神生活。对体育景观环境进行科学评价，是保证体育景观环境质量标准的必要手段。概括地讲，体育景观环境评价就是指根据特定的需要，运用美学、心理学、生态学、建筑学等多门学科知识和观点，对体育场馆区域景观环境的现状进行调查与评价，提出体育景观环境保护、开发和利用的措施。

第一节　体育景观环境评价的目的

体育景观环境是体育建筑及其周围景观的综合体，是一种功能性、实用性与观赏性、艺术性的结合，更是人与自然交流的综合景观体系。对体育景观环境进行评价，一方面有利于更好地保护景观环境的这些综合特性，另一方面则可为体育景观环境规划与设计提供理论依据。

一、体育景观环境评价的意义

体育景观生态学的发展为体育景观环境评价研究提供了新的理论和技术手段。同时，体育景观环境评价不仅可以揭示现有体育景观中存在的问题和确定将来发展的方向，而且有利于更好地促进体育景观生态学的发展。体育景观环境评价的意义主要体现在以下 3 个方面，如图 9－1 所示。

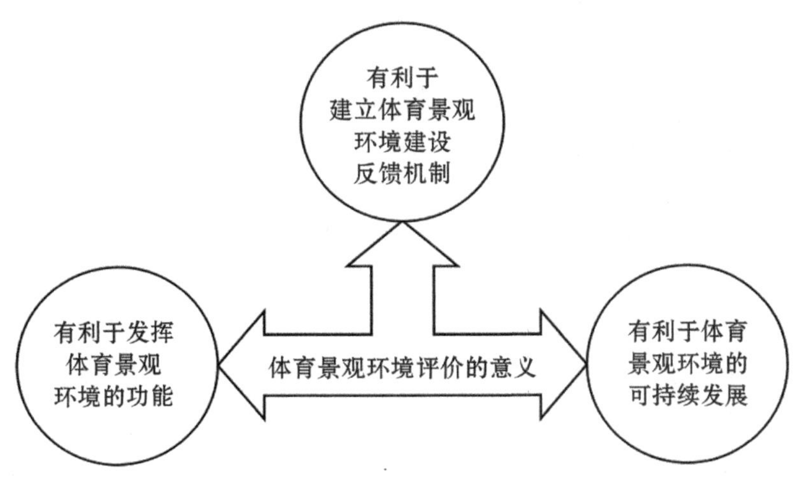

图 9－1　体育景观环境评价的意义

（一）有利于建立体育景观环境建设反馈机制

体育景观环境作为体育建筑的一个附属环境因素，不仅具有一般景观环境的社会性，而且个性特征明显，易于识别；同时，体育景观环境的这种识别性可以增强人们对环境的认同感，而这种认同感正是体育景观环境评价结果的体现。因此，通过科学合理的环境评价和评价结果的及时反馈，有利于建立体育景观环境建设的反馈机制。

（二）有利于发挥体育景观环境的功能

体育景观环境是以满足人们休闲健身需要为首要目的的空间环境，而这种空间应该是一种人性化的环境。因此，为了突出体育景观环境本身所具有的识别性与社会性、文化性与生态性，就必须进行体育景观环境评价。同时，通过评价，不断地完善体育景观环境的使用功能和突出体育景观环境的欣赏功能。

（三）有利于体育景观环境的可持续发展

在现代城市中，人们越来越重视环境的可持续发展。建筑的可持续发展在体育建筑上体现得尤其明显。而体育景观环境的生态建设更是对体育建筑的整体发展起着举足轻重的作用。体育景观环境不仅要达到景观本身与体育建筑的相互协调，而且要重视人文景观与自然景观的和谐共生。因此，通过体育景观环境评价，可以为建成符合生态需要和时代特点的体育景观环境提供环境信息和规划建议，从而促进体育景观环境的可持续发展。

二、体育景观环境评价的实施

由于体育景观环境的复杂性，导致体育景观环境评价是一个多因子综合评价体系。但是，在具体指标的选择上主要是对景观所发挥的经济功能、社会功能、生态功能和美学功能进行合理评价，以便营造出高品质的公共体育运动环境。合理有效的体育景观环境评价指标体系正是针对这一目的而建立。按照评价研究中实证与规范相统一的原则和要求，建立体育景观环境评价体系，有两个总的指导

原则，一个是科学性，另一个是实用性。只有在遵循这两条基本原则的基础上，体育景观环境的评价体系才能顺利实施。体育景观环境评价的实施流程，如图 9－2 所示。

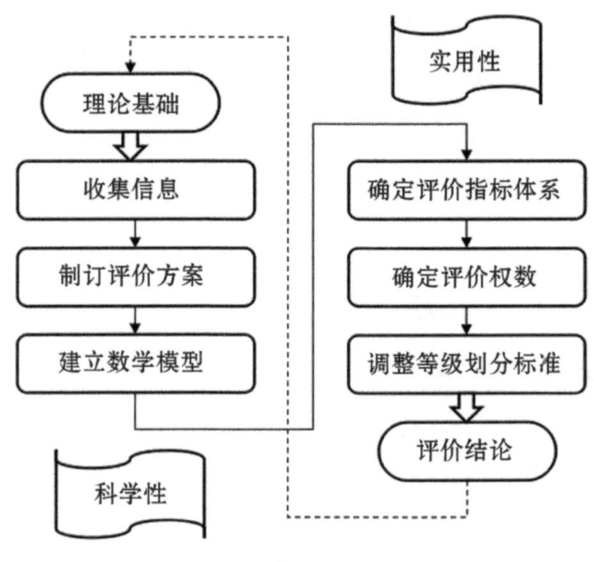

图 9－2 体育景观环境评价实施流程

（一）明晰而深厚的理论基础

体育景观环境评价体系的构建要建立在体育景观规划设计、体育景观环境管理等相关理论的基础上。因为这些理论对于体育景观环境评价指标体系的基本架构和内容完整性具有本质上的决定作用和指导意义。因此，在进行体育景观环境评价实施之前，要从多方面收集相关景观环境评价的信息，从而根据信息的整理结果制订较为科学的评价方案，进而将可行的方案运用量化技术手段建立数学模型。

（二）确定评价指标体系

评价指标体系是根据数学模型，通过大量的调查分析来建立的。它以体育景

观环境特征值为基础建立评价指标体系，反映体育景观环境的质量和价值。从内容上，评价指标包括观赏指标、功能性指标、历史文化性指标等；从类型上，评价指标有特征值指标、共性指标等；从指标性质上，评价指标有定性指标、定量指标。

（三）确定评价权数

评价权数反映了诸评价指标在评价中的相对重要程度，随着数据量的积累，它将不断地进行调整和变化，评价权数由专家比较打分、运用层次分析法进行确定。

（四）调整等级划分标准

体育景观环境的各特征值评价指标均有自己的量纲，不具备可比性。因此，在确定了评价指标体系后，还需对其中的评价指标进行无量纲化处理，将评价指标的实际值转化为指标的评价值，将对现象实体的绝对描述转化为相对描述，并调整等级划分标准及相应的分数。

通过体育景观环境评价的实施，一是要构建“人—建筑—环境”和谐共处的设计理念，使人、建筑、景观真诚对话，着力营造城市或者场馆的“第二自然”，追求体育景观在自然环境中的自由表现，力求使景观与体育场馆特色和公共活动空间达到完美统一。二是要构建以体育建筑文化为核心内涵的城市或场馆景观空间格局，将绿化引入体育建筑组群中，形成气韵生动、疏密有致的体育运动空间布局。

第二节　体育景观环境评价的内容

结合我国体育建筑景观环境的策划、规划、设计与建设特点，可从自然景观环境、景观文化功能、景观使用功能、景观美学价值、景观环境效益 5 个方面进行

分析评价，如图9－3所示。其中自然景观环境评价是环境评价的基本内容；景观文化功能评价是保证景观规划满足功能需求的思想基础；景观美学价值评价是评价景观是否满足人们心理需要的重要因素；景观环境的效益评价则主要是从经济学和生态学等方面对体育景观环境的可持续发展提供依据。

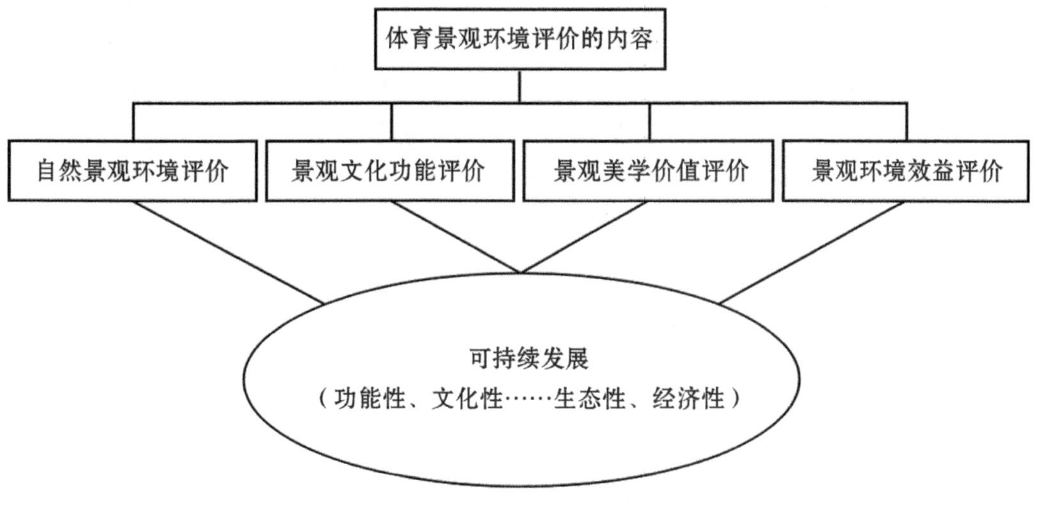

图9－3　体育景观环境评价的内容

一、自然景观环境评价

体育自然景观是一种能为城市或场馆运动环境，甚至整体景观带来福利的客观存在物，有时也称其为景观资源。从这点上来说，作为一种自然资源，体育自然景观首先表现出的是它的景观性，即这些景观各要素体现出来的具有审美特征的景色、风景、风光所表现的特性。其次还包括美学价值、经济价值、科学价值和生态价值等。对这些质量进行评价，目的就在于保护和开发利用景观。换言之，体育自然景观的资源价值主要就是指这些景观作为体育健身或旅游资源的现实意义和潜在价值。

然而，与其他自然景观相比，体育自然景观更难用科学的方法进行评价。因

为，体育自然景观并不仅仅依赖于其自然的景观特性、深广的内涵及景观的功能，它很大程度上还取决于体育活动践行者的主观评定和主观意识。因此，体育自然景观环境的评价一般都采用定性的评价方法实施。

二、景观文化功能评价

体育景观环境的规划与设计是集功能性、欣赏性和人文理念于一体的艺术设计，而体育景观本身就有特定的社会文化内涵，即体育景观各要素所体现的具有地域特色的历史文化的延续。因此，体育景观的文化功能评价主要是将景观设计、体育建筑设计和文化寓意融合为一个完整的体系，研究来往人群在场所内的行动规律与心理特征。同时，还要注意体育景观功能性、文化性与生态性的统一，以达到创造“软”的环境，实现人与自然的和谐统一。

（一）景观的文化性

体育景观环境建设是物质与精神的统一体，而且随着竞技体育、社会体育、学校体育的快速发展，人们对体育景观规划设计的要求不仅仅是景观本身的物质功能，更重要的是要体现时代文化性，具体表现在通过科技与艺术的汇聚，促进体育景观整体环境的文化发展。

体育景观环境规划设计，不仅是一个场所、一个空间的规划，更是精神文化的彰显。只有充分考虑了“文化”因素，才能使体育景观焕发生命力，也才能真正体现体育景观的人文价值。例如，北京奥运建筑的规划设计，除了体育建筑本身体现了奥运精神与中西方文化的结合以外，其他景观从休息区、步行街道、公园设计等，都体现了“以人为本”的建筑文化理念。又如，罗马奥林匹克体育场的体育雕塑就展示了体育运动景观环境的历史与魅力，如图 9 –4 所示。

图9－4　罗马奥林匹克体育场的体育雕塑

此外，随着城市经济的飞速发展，体育建筑文化与体育景观环境在现代体育建筑中得到了很好的体现，使城市与体育建筑、体育景观环境与城市文化环境和谐地融为一体，成为城市中的一道亮丽的风景线。就像高雄市中正体育场前椭圆形的雕塑景观，既具有体育建筑文化的特征，又以艳丽的色彩与生动图案有机地融合于城市景观之中，尤其是巧妙地将奥运会的各大竞赛项目融入一个圆中，其形式与内涵，都给人们留下了美好的印象与无限的遐想（图9－5）。

图9－5　体育雕塑

体育景观环境注重景观功能性与地域文化的融合，以带有体育元素的人文景观打造城市文化亮点，吸引更多的投资者与游客，进而提高了城市的知名度。另外，游客通过对体育景观的欣赏，培养了高尚的情操和审美趣味；通过对体育景观保护意识的培养，提高了文明程度和道德水平。因此，体育景观环境的建设更是对人类精神文明的升华。

（二）文化景观的构成

体育文化景观是体育建筑本身和建筑周边实物、道路等构成的表现体育文化现象和社会时代文化现象的复合体。换言之，体育文化景观就是用建筑材料和空间的构成表现了体育建筑空间功能以外的文化信息。它反映了体育文化体系的特征。由于体育景观是物质和精神的统一体，因此，体育文化景观的构成按形态可以分为物质性体育文化景观和精神性（非物质性）体育文化景观，如图 9－6 所示。

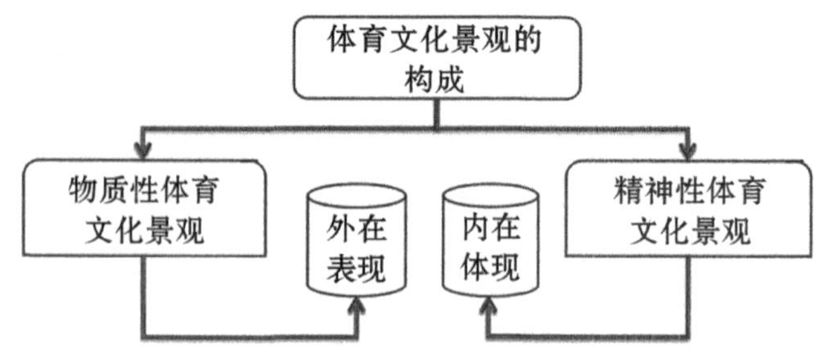

图 9－6　体育文化景观的构成示意图

（1）物质性体育文化景观是体育文化的外在表现，主要是指人造的实物景观，这类文化景观主要是帮助人们更加直观地认识体育、了解体育，隶属物质技术层面的内容，如图 9－7 所示。

（2）精神性体育文化景观是体育文化的内在体现，主要是指体育景观运用一定的社会文化内涵，引发人的情感、意趣、联想等心理反应，这就是体育建筑的景观效应，也是体育景观的社会属性。如图 9－8 所示，以第十三届全运会奖牌为设计元素，寓意拼搏、奋进的体育文化精神，也象征现代奥林匹克运动所倡导的“更快、更高、更强”的精神。现代奥林匹克运动是人类社会的一个空前杰作，它将体育运动的多种功能发挥得淋漓尽致，其影响力已远远超出体育运动本身的范畴。

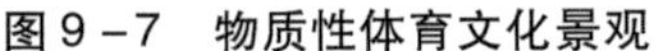

图 9－7　物质性体育文化景观

图 9－8　精神性体育文化景观

奥林匹克运动在当今世界的政治、经济、哲学、文化、艺术和新闻传媒等许多方面产生了一系列令人瞩目的影响。现代奥林匹克运动不仅构成了现代社会所特有的体育文化景观，而且以其强烈的人文精神催人奋进，勇往直前。

三、景观使用功能评价

随着社会文明程度的不断提升，体育景观环境已经成为人们生活中不可或缺的活动环境，而且体育景观的空间形态、特征、使用功能也在随之发生着变化。但无论体育景观环境如何变化，其基本点应符合人们的生活方式，满足一定的功能要求。可以说，体育景观的使用功能是其存在价值的最根本体现，也是休息座椅、交通管理设施、安全设施、卫生设施、服务设施等环境设施外在的、首先为人感知的因素。一个健康的体育景观系统具有功能上的整体性和连续性。因此，必须从系统的整体性出发来研究体育景观环境的使用功能，才能得出更加科学的评价，如图 9－9 所示。

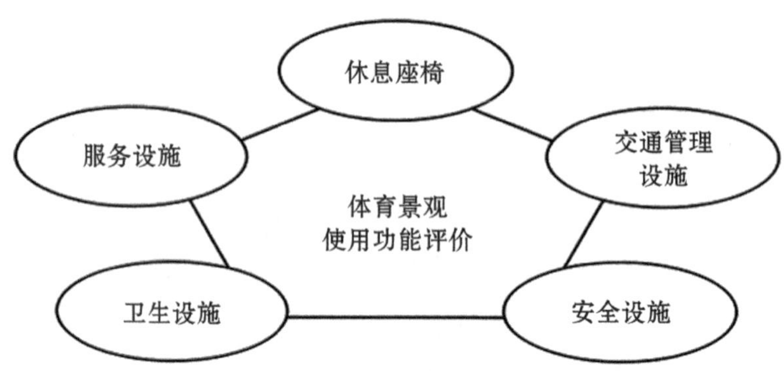

图9－9　体育景观环境的使用功能评价

休息座椅的主要功能是满足行为的休息需求。因此，它必须通过与环境的协调组织，在体育景观环境中满足人的休憩需要；交通标志和绿化带等交通管理设施在体育景观环境中要充分发挥其导向性的使用功能；安全设施主要包括护栏、护柱、路墩等，其功能主要是对来往车辆进行必要的拦阻；卫生设施主要以垃圾箱为主，使用功能就是要收集各类垃圾；服务设施的功能则主要是为人们提供各种便利和服务。

四、景观美学价值评价

体育景观环境规划是一项空间视觉艺术与科技相互融合的系统工程。同时，体育景观具有一定的景观效应，即通过体育建筑的景观内涵和欣赏功能引发人们的情感、意趣等心理反应。而这些正是体育景观本身所具有的美学价值的体现。

体育景观的美学价值评价是一个范围广泛、内涵丰富的问题。概括地讲，体育景观环境的美学价值可以从外在美和内在美两个方面进行评价，如图9－10所示。

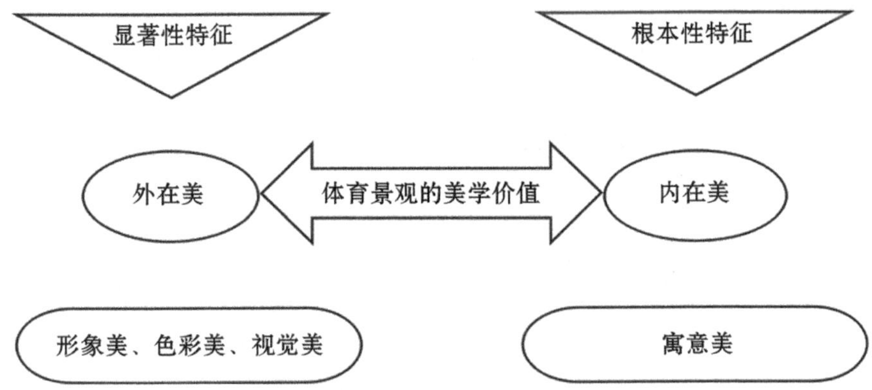

图 9－10　体育景观的美学价值评价示意图

图 9－11　天津奥体中心游泳跳水馆夜景

外在美的主要表现形式是体育景观环境的形象美、色彩美、视觉美。形象是体育景观在空间上所显示的感性形式。体育建筑在遵循建筑原则的基础上，都蕴含了不同的设计理念和文化因素。体育景观用景观语言表达了体育场馆的宏伟、优美及与周边环境的和谐、统一，同时，也彰显出体育场馆的独特魅力。此外，体育景观环境通过万象纷呈的色彩，不仅给人带来赏心悦目的美感，更重要的是给人以眼前一亮的视觉享受。图 9－11 为天津奥林匹克中心游泳跳水馆夜景，第十三届全运会的跳水、游泳比赛场馆。建筑、静水、喷泉在灯光营造的艺术效果下，变得美轮美奂。因此，形象美是体育景观环境的显著特征。

寓意美是体育景观的内在美。体育景观将体育与景观的基本元素巧妙、有机地进行融合，将体育活动和体育赛事融入景观之中，既丰富了体育的内涵，又展现出了特有的景观魅力。此外，人们在强身健体的过程中更注重美的体验，更强调生活的回归、休闲的追求和体育文化的传播，而这也就是体育景观美学属性的最终目标。因此，寓意美是体育景观环境最根本的特征。

五、景观环境效益评价

体育景观环境，不仅具有相当高的观赏性，而且在传播体育文化、丰富体育手段，满足人们日益增长的精神文化需求和提高本区域的知名度等方面具有非常重要的作用。因此，在进行体育景观的规划设计过程中，必须充分考虑体育景观的社会效益、经济效益和生态效益，而这些就是体育景观环境所体现出来的一种正价值，如图 9－12 所示。

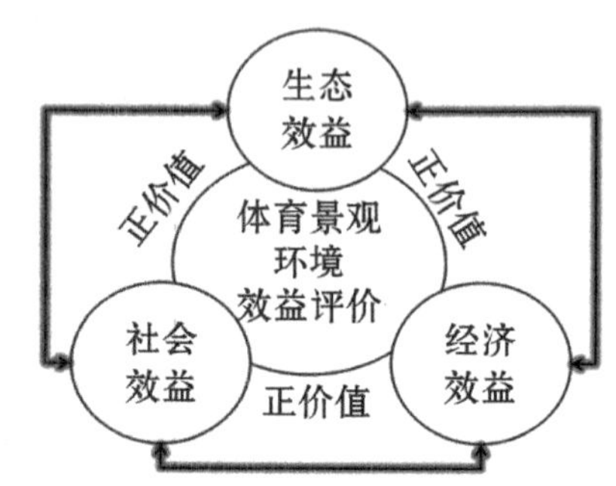

图 9－12　体育景观环境效益评价

（一）生态效益评价

生态性是指体育景观环境中各要素在改善体育建筑周围环境，如涵养水源、净化空气、水土保持等方面所起的作用。生态效益评价对体育景观环境评价具有美学指导意义。因为从艺术审美的角度来看体育景观的美学属性，体育景观更加符合生态景观规划设计的最大绿色原则、活力健康原则、独特性与吸引力原则等。另外，科学生态的设计，是可持续发展的设计。因此，体育景观的生态效益评价就要以宏观的角度来思考和探索体育景观环境的设计思维，讲究运用系统的分析和整体的规划，考虑人与自然的关系，以多维的角度来分析体育景观的生态价值。

例如，体育场馆建造后，为应对多样化的活动涌现的人与车潮，同时兼顾避难疏散需求、提升绿地生态环境品质，高雄体育场将周边配置设计成一座连贯性的景观绿网系统公园，使环境景观与体育场自然融为一体。又如，天津奥体中心，如图9－13所示，其将北方地区自然气候条件的植物品种和水体等，共同构建成了一个天津的生态群落，为众多的生物提供了一个生存空间，以维持自然界生态平衡，提高天津的生态承载力，也为各类活动提供了高品质的环境。

图9－13　天津奥体中心综合馆外景（水滴）

（二）经济效益评价

随着体育产业经济的快速发展，体育景观渐渐成为高端产业聚集、人脉商气汇聚的载体。体育景观环境通过体育景观特有的视觉冲击，吸引更多的人置身于此，极大地提升了城市旅游业的发展。同时，还带动了其他行业的发展，如餐饮、酒店、娱乐、公共管理等众多服务行业，进而成为城市新的经济增长点。因此，体育景观环境的经济效益评价一方面抓住体育景观的功能和本质，深层次挖掘商业价值，分析体育和景观的融合能否实现产业化、市场化和商业化。另一方面，通过体育景观内涵的研究，构建多业态综合发展模式。

此外，随着体育产业的发展，越来越多的新型体育项目借助体育建筑景观这一载体得到了蓬勃发展。例如，上海网球大师赛的举办地——旗忠网球中心，凭借着比赛本身的知名度，吸引了众多球迷到现场观看比赛，刺激了体育消费，为上海零售、餐饮、住宿、交通运输、旅游等行业做出了贡献。大师赛也提高了网球中心的知名度，吸引了越来越多的活动落户。从这个角度来讲，相当一部分的体育建筑景观已经成为体育产业发展的推动力。

（三）社会效益评价

体育景观环境不仅使城市面貌焕然一新，而且借助无声的体育景观，散发出城市的迷人魅力，带给人们更多的关于城市的视觉享受，这样，人们对体育景观所在城市的形象就有了一定的印象。同时，由于较强的观赏性和较旺的人气，体育景观一定程度上也改变了城市的视觉形象，从而间接性地提高了城市的知名度。另外，体育景观环境为城市居民和旅游者休闲、休憩、观光提供了空间环境，使城市的美誉度得到显著提升，大大提高了城市的吸引力和影响力。更重要的是，极具个性特色的体育景观，作为一个城市的体育文化产品，是城市具有文化吸引力的重要组成部分。这些体育文化产品在塑造体育特色文化，提高城市形象等方面起到了极大的广告作用。例如，香港体育馆（简称红馆），其建筑形式不仅独具一格，而且在使用功能上集体育比赛、文娱活动、商业会议等于一身，是一座极具社会知名度的多功能表演场馆。

同样，北京国家体育场和国家游泳中心，自2008年北京奥运会成功举办之后，以其独特的建筑造型，已成为北京的“标志性建筑”之一，也是北京市极具魅力的观光性体育景观。正因如此，北京的体育景观社会效益愈加突出，每年都吸引众多的国内外游客来此欣赏。

第三节　体育景观环境评价的方法

在我国，如何分析和评价体育建筑的景观环境，还是一个崭新的领域。体育景观环境建设的标准化、体系化任重而道远，而制定适合我国体育景观环境建设的评价体系，是尤其重要的一项工作。

一、定性评价方法

体育景观环境定性评价是指根据评价者对体育景观环境的现实状态和价值体现的观察与分析，直接对体育景观环境做出定性结论的价值判断。这种评价方法强调观察、分析、归纳和描述。而其最终结果一方面可以作为衡量体育景观环境建设优劣的直接标准，另一方面，为后续体育景观环境建设提供导向性的发展参量。体育景观环境定性评价的基本过程包含以下 5 个环节，如图 9－14 所示。

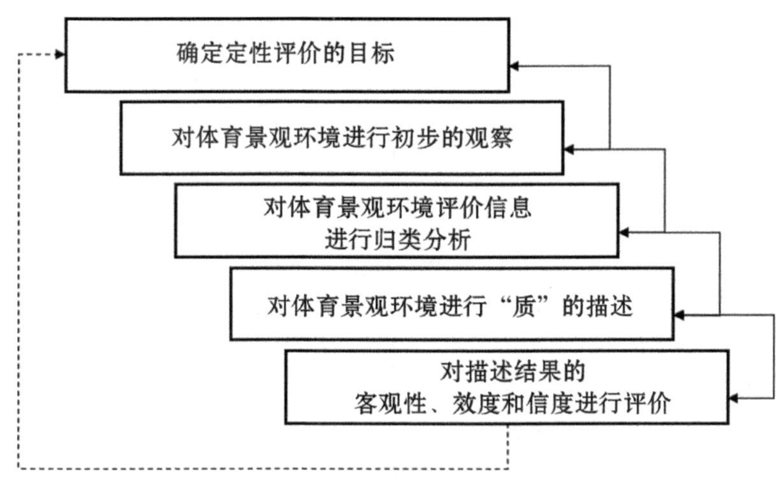

图 9－14　体育景观环境定性评价的基本过程示意图

体育景观环境定性评价方法更加关注体育景观环境在“质”方面的发展。例如，体育景观生态价值评价，就要考虑其是否具有可持续发展的能力；体育景观经济价值评价，则需要关注体育景观建成之后是否会带来直接或间接的经济效益，还必须考虑体育景观的选址规划是否与城市总体规划相适应等。这些都是要在观察的基础上，对这些指标进行归类分析，之后再进行语言描述。当然，最后对结果进行客观性、效度和信度的检验也是不容忽视的。

二、定量评价方法

为了使体育景观环境评价更加科学、客观，就有必要为相关评价内容进行分类并设定标准，这就要运用定量评价法。体育景观环境定量评价就是运用数学的方法，收集和处理体育景观环境相关数据资料，对体育景观环境做出定量结果的价值判断。简单地说，体育景观环境定量评价就是对体育景观环境的特性用数值进行描述和判断。体育景观环境定量评价的基本过程，如图 9－15 所示。

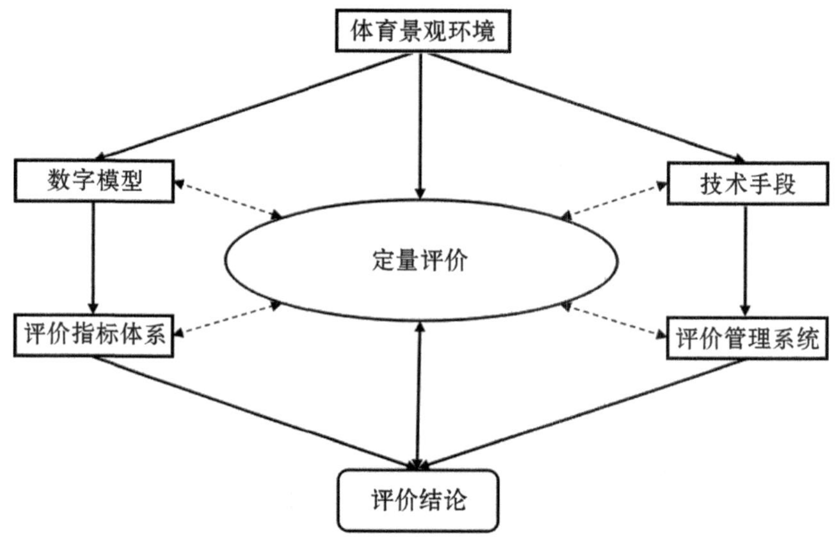

图 9－15　体育景观环境定量评价过程示意图

体育景观环境定量评价的理论核心就是量化理念的运用。具体地讲，就是通过建立体育景观环境相关数学模型，制定体育景观环境评价指标体系，运用较为科学的技术手段，构建科学规范的评价管理系统，最终得出评价结论。

体育景观环境评价的实施过程中，应当根据体育景观环境的特性和其他因素选择最适当的评价方法。如果评价主要用于体育景观环境规划的理论指导时，定性的分析比定量的分析更有价值；而当评价的主要目的是进行体育景观环境规划实践指导时，定量分析更为适合。但是，在实际运用中，定性和定量方法并不能截然分开。一方面，量的差异在一定程度上反映了质的不同，同时由于量的分析结果比较简洁、抽象，通常还要借助于定性的描述，说明其具体的含义。另一方面，定性分析又是定量分析的基础，因为定量分析的量必须是同质的——在数据分析前先要判断数据的同质性，在需要时，有些定性信息也可进行二次量化，作为定量信息来处理，以提高其精确性。例如，评价者根据需要可以对等级评语“好、较好、一般、较差”等赋值“4、3、2、1”，进行量化处理。因此，评价应当尽可能地结合使用定性评价和定量评价两种方法，从质和量两个侧面把握体育景观环境的本质特性，从而在此基础上做出符合实际的综合判断。

思考与讨论

1. 简述体育景观环境评价的意义。
2. 图示体育景观环境的评价流程。
3. 体育景观环境评价的内容包括哪些？
4. 体育文化景观按形态可分为__________和__________。
5. 体育景观环境的美学价值评价主要包括外在美和内在美，即__________和__________，其中__________是体育景观环境的显著性特征，__________是体育景观环境的根本性特征。
6. 体育景观环境的效益评价主要包括__________、__________和__________。
7. 如何通过定性评价和定量评价方法对体育景观环境实施科学评价？

第十章 体育景观环境的维护与管理

【内容提要】通过本章的学习，了解体育景观环境的维护内容，掌握体育景观环境的维护方法和管理过程。

体育景观环境在人与环境构成的大系统中具有非常特殊的地位和作用。更重要的是，随着体育事业的蓬勃发展和科技的不断进步，体育运动主题的景观环境在景观创作的大系统中越来越重要。因此，加强体育景观环境的维护与管理工作是继体育景观规划设计与建造之后非常重要的一个环节，对于体育景观环境价值的体现也极其关键。

第一节 体育景观环境的维护方法

体育景观环境的本质功能体现在体育景观的整体结构能够保证人们在其环境品质中顺畅地进行与体育相关的活动和行为。为了更好地保障体育景观的本质功能，就必须根据体育景观的特征和属性，运用科学的方法，加强体育景观环境的维护，包括自然景观的维护和人文景观的维护，以保证其形式和功能的一如既往。

一、自然景观的维护

体育景观环境中的自然景观是城市中不可或缺的自然景观资源，对城市形态特色的突出和城市景观环境的改善，起着举足轻重的作用。它不仅增加了体育景观环境的整体美感，而且起了分隔空间的作用。因此，为了更好地保证体育景观环境的自然美的本质属性，就要根据一般自然景观的维护特点进行维护和保养。概括地讲，体育景观环境中自然景观的维护主要包括以下几个方面，如图 10－1 所示。

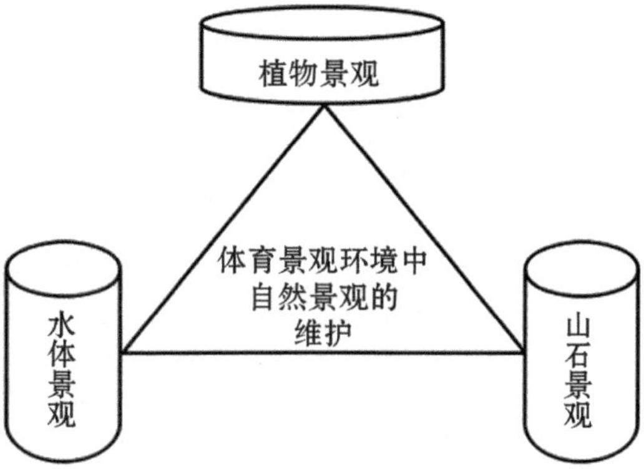

植物景观

体育景观环境中自然景观的维护

水体景观

山石景观

图 10－1　体育景观环境中自然景观的维护

（一）植物景观的维护

在城市化进程不断加快的时代，绿地景观在一定程度上反映出一个城市的品位和环境质量。尤其是体育景观环境中的绿地景观，作为环境中的重要组成部分，有其区别于体育建筑物等硬质景观的主要特点。绿地景观的主要组成部分是活的植物，其可塑性强，这种特点决定了植物景观的日常维护的重要性。例如，西安城市运动公园的植物景观设计，如图 10－2 所示。

图 10－2　西安城市运动公园的植物景观设计

植物的培育和种植，在整个生长发育过程中，要不断进行维护，才能使其发挥最佳的绿化和美化功能。当然，由于植物物种的不同，栽培方式的不同，维护措施也不尽相同。因此，植物景观的维护工作是一项艰巨工程，同时也是一项系统工程，不仅需要构建一个协调、稳定、优良的植物保护景观格局，还需要做好植物及生态的长期动态监测。具体要做好以下几方面的工作，如图 10－3 所示。

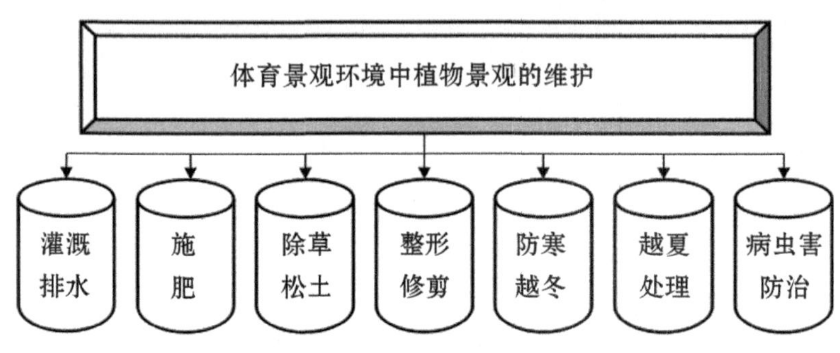

图 10－3　体育景观环境中植物景观的维护

1. 灌溉排水

水是植物各器官生长发育的主要组成部分。因此，要依据不同的植物种类及在一年中各个物候期的需水特点、土壤含水量等情况，采用适宜的水源适时适量灌溉，内容主要包括灌溉时期、灌溉量、灌溉次数、灌溉方式等。然而，由于不同种类的植物，其耐水力不同，这就需要对不耐水的植物或容易积水的地区进行排水，方法主要有地表径流法、明沟排水法和暗沟排水法。

2. 施　肥

施肥对于植物营养的补充也是非常重要的。因此，在植物的生长过程中，还需要进行施肥。而在施肥过程中，要考虑植物的物候期和肥料种类、考虑气候条件和土壤条件以及植株的生长状况。一般遵循的原则就是“基肥要早，追肥要巧”。此外，还要根据植物种类、年龄、土质、肥料性质等情况来确定施肥量和施肥的深度、范围。

3. 除草松土

除草是植物维护中一项非常繁重的工作。除草可以减少水分、养分的消耗，尤其是能增加体育景观环境的美化效果。在切割和清除破损草皮时，要精确操作，以免影响整体视觉形象。松土可以减少土壤水分的蒸发、改善土壤通气状况等，从而提高植物对土壤有效养分的利用率。在植物的生长期内，一般要做到见草就除，而且除草松土要同时进行。而除草松土的次数、程度要根据气候、植物种类、土壤性质来定。

4. 整形修剪

植物作为体育景观环境的构成要素之一，其形态的好坏直接影响着环境的绿化和美化。修剪时，应注意精确掌握植物的长度和形状，以及草根的深度，保证植物健壮生长。

草皮的培育和种植有着严格标准和程序：浇水、修剪、精确掌握草皮的长度和草根的深度对草皮进行收割。在切割和清除破损草皮时，也要按照精确统一深度操作，这样才能保证被补种进来的草皮与原有草皮结合。草皮的种植、旧草皮的清除、新草皮的植入这 3 个步骤互相配合，才能完成更新并和原有草皮融合。

5. 防寒越冬

防寒越冬主要是针对露地越冬的植物而言。一般常用的防寒措施主要有：覆盖法、灌水法、培土法、涂白或喷白、包扎法、设风障等。

6. 越夏处理

对要求凉爽气候型的植物来说，可采取叶面喷水、地面灌水、架设遮阳网、修剪枝叶、喷蒸腾抑制剂等措施保护其安全越夏。

7. 病虫害防治

植物在生长发育过程中，时常遭受各种病虫害，导致植物景观失去观赏价值。因此，对植物病虫害的防治，应以预防为主，从而有效保护植物。

（二）水体景观的维护

体育景观环境中的水体景观是指在体育景观环境中，用水组成的各种形态的景观。水体作为体育景观环境造景的重要要素之一，在各种景观设计中，都有着不可替代的作用。例如，西安城市运动公园的水体景观设计，如图 10－4 所示。

图 10－4　西安城市运动公园水体景观

正如有句俗语所说“园因水得景，园得水而活”，体育景观环境也是如此，水体景观就是它的血液，它的灵魂。因此，在体育景观环境设计中，尤其是水景设计，要综合考虑水景与整个环境的关系，让水景融入一定的生态系统里面，而且还要做好水体景观的日常维护工作，如图 10－5 所示。

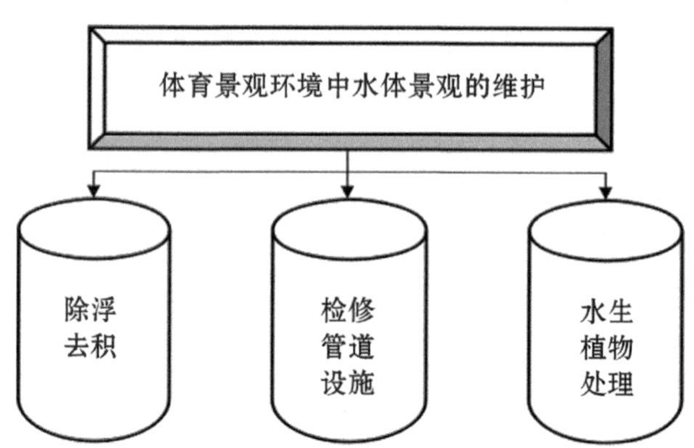

图 10－5　体育景观环境中水体景观的维护

1. 除浮去积

应定期捞除残花、落叶、废弃物及生长过多的漂浮植物。沉积水底的污泥过厚会影响水质，因此，每年要清除一次。

2. 检修管道设施

不论自然水体还是人工水体，都会有给水与溢水的管道，还有喷泉的喷头、

动力等设施。如果发现淤塞或漏裂，势必影响水位、水质和水景造型。因此，要经常进行检查，并做到及时修复。

3. 水生植物处理

水体景观中野生水草的少量存在，能增加自然景观；水草太多则给人荒芜的感觉，甚至会影响水生花卉的生长和景观效果。故每年夏季要割除、清理一两次。栽种的水生花卉，年久也会广泛蔓延，每两三年也须挖起重栽，或清除一部分。水下种植床中的水生花卉和花坛花卉一样，每年有一两次换季，也要进行残花败叶的剪除工作。

（三）山石景观的维护

体育景观环境中的山石景观是指人工堆叠在体育景观环境中的观赏性假山。根据山石堆叠方式不同，可分为：自然山石假山、人工塑石假山、土石假山、独立景石等。置石和山石景观结合现代技术和材料，展现在体育建筑、公共广场等多种空间，呈现出多样化，并充分表现了石在环境中较强的造型能力，成为创造个性空间的一个重要手段，以其独特的形态和自然的气息为体育运动环境增添了无限的情趣和遐想。

图 10－6 是汉江堤岸上健身步道一侧的山石景观，叠石小品结合形成假山、水径，植物自然散落其中。此类山石景观的缝隙，往往会由于冰冻、冲刷、树根挤压和小动物钻营而扩大，甚至造成山石坍塌，因此，应及时检查，随时修复。岩石假山上的树木，每年须修剪一两次，使其造型、体量与假山保持协调。攀缘植物攀附于山石表面，能使山石更为生动，但若布满山石则会掩盖山石的特性，所以，每年也须修剪一两次。

图 10－6　山石景观

二、人文景观的维护

体育景观环境中的人文景观，又称体育文化景观，是为了满足体育物质和体育精神等方面的需要，在自然景观的基础上，叠加了文化特质而构成的景观。人文景观具有一定历史性、文化性，一定的实物和精神等表现形式，是体育景观环境中文化性的体现。因此，为了保护这种文化素养，就要对体育景观环境中的人文景观进行综合性保护，还要做到全面保护与重点保护相结合，不同功能区采取不同的保护措施。人文景观的维护主要包括以下几个方面，如图 10－7 所示。

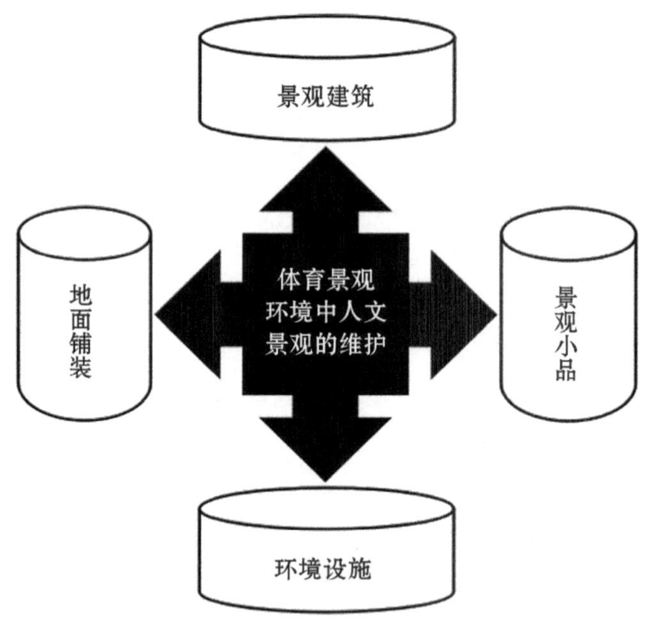

图 10－7　体育景观环境中人文景观的维护

（一）景观建筑的维护

体育景观环境中的景观建筑是指在体育景观环境中出现的具有景观标识作用的建筑，其具有景观与观景的双重身份，也就是除体育建筑以外的供观赏休憩的

各种构筑物，如亭台、拱桥、浮桥、吊桥、亭桥与廊桥等。景观建筑和一般建筑相比，有着与环境、文化结合紧密，生态节能，造型优美，注重观景与景观和谐等多种特征。

景观建筑亭台是人们长时间游览观赏之后的停留场所。一经停留，亭台的整体卫生环境就会受到影响，有时甚至会损坏亭台的设施。拱桥、浮桥等景观建筑与景观道路系统相配合，联系游览路线与观景点，是体育景观环境中的必要交通设施。时间越长，经过的人越多，就会给这些景观设施造成一定的承载压力。因此，要做好体育景观环境中景观建筑的日常维护工作，使其更好地发挥美化和使用功能，彰显景观建筑的人性化、自然化。此外，通过维护，景观建筑要时刻体现出它的设计目标，即整体性和文化性。

1. 整体性

景观建筑的设计要与周围环境和文化氛围相协调，并在视觉上融为一体。

2. 文化性

景观建筑是一个社会形态和文化内涵的载体，承载着体育景观环境整个区域的文化品位与特色，景观建筑在设计上要充分挖掘当地文化内涵，深入研究区域文化体系，从而设计出具有代表性的景观建筑。

（二）地面铺装的维护

体育景观环境中的地面铺装是指用各种天然或人工的铺地材料，如沙石、混凝土、沥青、木材、瓦片、青瓦等，按一定的形式和规律进行的地面铺砌装饰。按照铺装的形态可分为规则式和自然式两种。规则式铺装通常采用规则、对称的方式来彰显统一；自然式铺装通常根据功能需要采取宽窄、拼图的变化以延长游览路线，增加游览趣味，提高绿地的利用率，从而使景观空间变化更为丰富。

体育景观环境中地面铺装的维护工作与庭园建筑及设施的维护清洁工作基本相同，不存在特殊的技术问题。任何一个体育景观环境，如果失去了清洁和各种景观设施的完整性，也就没有美景可言了。因此，一旦发现设施破损、玷污，除进行宣传教育外，应及时加以修复和清洁。通过维护，达到保持体育景观环境中地面铺装的基本功能的目的，具体包括指引作用、分隔空间作用、造景作用。

1. 指引作用

体育景观环境中的地面铺装具有一定的指引性。条形空间具有向前指引的方向性，铺装的装饰重点常放在道路的两侧或强调道路的起点、终点、节点。圆形、方形、十字形的空间具有向心的指引性，铺装的重点应在中心。“L”形空间具有转向的指引性，装饰的重点应放在转角的地方。

2. 分隔空间作用

体育景观环境中常常利用铺装把整个环境分隔成各种不同的功能区，创造出不同的空间，又通过铺装把各种不同的功能区联系成一个整体，并深入各个区域。

3. 造景作用

体育景观环境中的地面铺装在满足实用功能的同时，还能够创造出优美的地面景观。铺装一直参与着景观的创造，其本身的曲线、质感、色彩、尺度等能够创造出不同的视觉趣味，给人以美的享受。

（三）景观小品的维护

景观小品是体育景观环境中的点睛之笔，一般体量较小、色彩单纯，对空间起点缀作用，主要包括雕塑、壁画等建筑小品，这些景观小品一方面具有实用性，另一方面又具有精神功能。

由于长时间受人为作用或自然因素的影响，这些景观小品会出现油漆脱落，局部损坏，或表面附着污物等问题，这就需要及时进行清洁和修复。只有这样，才能保持环境景观小品的清洁美观和良好的观赏效果，也才能充分实现其景观功能，发挥环境景观小品的观赏价值。通过维护，景观小品应达到以下 4 个方面的标准。

1. 美化环境

景观小品的艺术特性和审美效果，不仅加强了体育景观环境的艺术氛围，而且创造了良好的锻炼环境。

2. 标示区域特点

特殊的景观小品具有特定区域的特征。那么，作为体育运动区域来讲，通过

这些景观小品就可以提高体育运动区和其他功能区的识别性。

3. 提高整体环境品质

通过景观小品的设计来表现体育景观主题，可以引起人们对体育运动环境的关注，产生一定的社会文化意义。而通过改良景观的生态环境，可以提升整体的环境品质。

（四）环境设施的维护

环境设施是体育景观环境建设的主题，包括各种建筑部件，即生活设施——座椅、小卖部等；道路设施——街灯、防护栏、道路标志等；卫生设施——垃圾箱、公共卫生间等。这些环境设施的主要目的就是给人们提供在体育景观活动中所需要的生理、心理等方面的服务，如休息、照明、观赏、导向、交通、健身等需求。

体育景观环境中的环境设施是整个环境中使用最为频繁的设施，甚至是一些耗材设施。因此，做好环境设施的日常维护工作尤为重要。所有的环境设施不仅要安放合理，与整体环境相互协调，而且要科学使用、添置及时、更换适时，更要做到及时清洗，保持干净整洁。

第二节 体育景观环境的管理

体育景观环境管理是指运用计划、组织、协调、控制、监督等手段，为达到体育景观环境预期环境目标而进行的一项综合性管理活动，它是现代体育建筑管理的重要内容，是实现经济和环境协调发展的重要手段，是环境生态化的必要保证。具体地讲，体育景观环境管理主要是通过制度管理、手段管理等手段达到环境的整体质量管理目标，从而形成一定的管理体系，包括对行为主体和客体的强制约束性、管理程序和管理办法、具体管理要求和实施步骤，如图 10－8 所示。

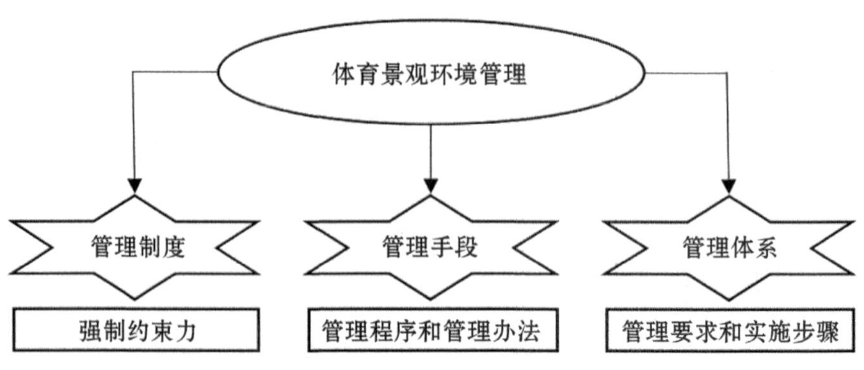

图 10－8　体育景观环境管理

一、体育景观环境管理制度

体育景观环境管理制度是指为了实现环境的可持续发展目标，对它的规划选址、设计及在建设过程中和建成后可能对环境造成的影响，进行调查、预测和评价，从而提出环境影响及防治方案报告，进而建立制度，形成标准。广义上讲，体育景观环境管理制度属于环境管理对策与措施的范畴，是从强化管理的角度确定了体育景观环境管理实践应遵循的准则和可操作的具体实施办法，是关于体育景观环境管理的规范化指导。它具有强制性、规范性、可操作性等特点。根据管理性质的不同，体育景观环境管理制度包括政策法规管理制度、技术法规管理制度、经济法规管理制度、行政法规管理制度，如图 10－9 所示。

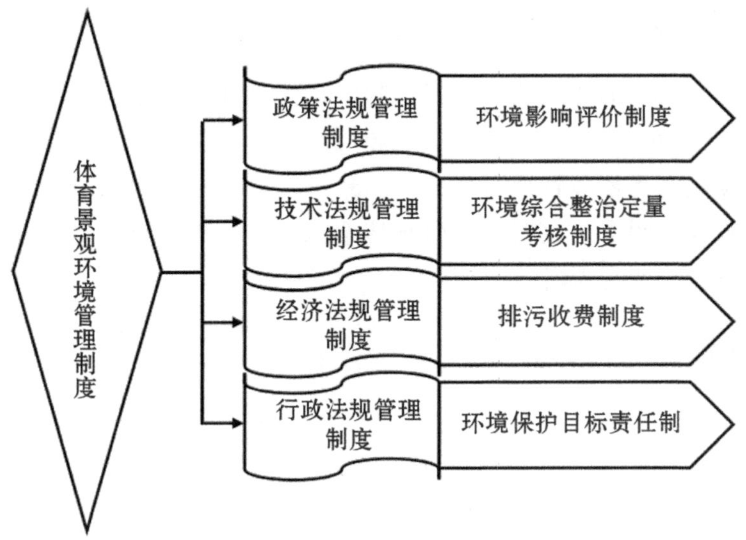

图 10－9　体育景观环境管理制度

（一）政策法规管理制度

环境影响评价制度是最具代表性的体育景观环境政策法规型管理制度。它为体育景观环境的建设决策、建设计划和规模及建成后的环境监测和管理提供了科学依据。这项制度主要包括环境影响评价的适用范围、环境景观评价的时机、环境影响评价的基本内容、环境影响评价的程序和其他配套措施等。

（二）技术法规管理制度

体育景观环境技术法规型管理制度主要指的是体育景观环境综合整治定量考核制度。所谓体育景观环境综合整治，就是把体育景观环境作为一个系统，一个整体，运用系统工程的理论和方法，采取多功能、多目标、多层次的综合的战略、手段和措施，对体育景观环境进行综合规划、综合管理、综合控制，以较小的投入，换取体育景观环境质量最优化。而体育景观环境综合整治定量考核是为了增强透明度，将体育景观环境综合整治工作定量化、规范化。

（三）经济法规管理制度

随着市场经济的不断发展和完善，制定体育景观环境经济管理制度已经势在必行。当前，排污收费制度是体育景观环境经济法规型管理制度最直接、最显著的体现。该项制度将环境管理行为直接与经济效益相连，利用经济方法给予造成环境污染的行为以约束，以此来加强环境意识，从而更加有效地制止给体育景观环境带来不利影响的行为活动。

（四）行政法规管理制度

环境保护目标责任制是体育景观环境行政法规型管理体制中的一项重要举措。它是以现行法律为依据、以责任制为核心，以行政制约为机制，把责任、权利、义务有机地结合在一起，通过签订责任书的形式，具体落实环境质量责任的行政管理制度。具体来讲，就是体育景观环境管理部门的主要责任者和责任范围，运用目标化、定量化、制度化的管理方法，把贯彻执行环境保护这一基本国策作为全体公民自身的行为规范，从而使改善环境质量的任务能够得到落实，达到既定的环境目标。

二、体育景观环境管理手段

体育景观环境管理是通过对人们思想观念和行为过程的调整，达到体育景观与自然环境承载能力相协调的活动过程。作为人们有意识的行为约束，体育景观环境管理目标主要通过行政、经济、法律、教育、科技等手段的综合运用来实现，如图 10－10 所示。

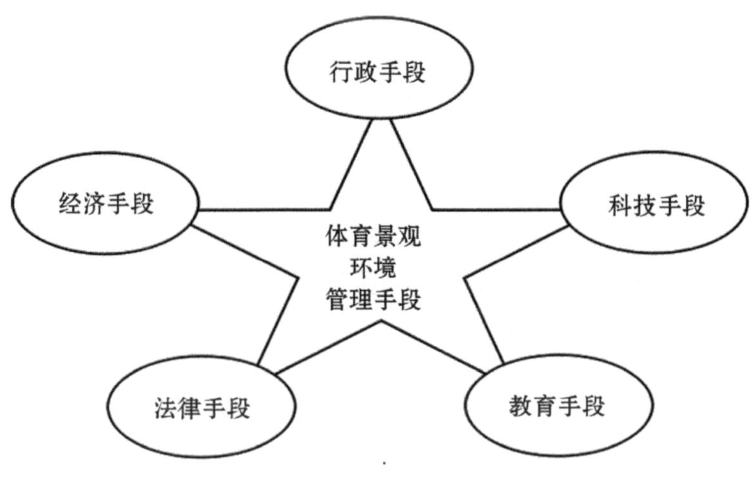

图 10－10　体育景观环境管理手段

（一）行政手段

行政手段主要指国家和地方各级行政管理机关，根据国家行政法规所赋予的组织和指挥权力，制定方针、政策，建立法规、颁布标准，进行监督协调，对体育景观环境保护工作实施行政决策和管理，主要包括管理部门定期或不定期地向同级政府机关报告体育景观环境保护工作情况；组织制定国家和地方的体育景观环境保护政策、工作计划和环境规划，并把这些计划和规划报请政府审批，使之具有行政法规效力；运用行政权力对体育景观环境区域采取特定措施等。

（二）经济手段

经济手段是指利用价值规律，运用价格、税收、信贷等经济杠杆，约束人们在体育景观环境资源开发中的行为，以便根治损害环境的社会经济活动，促进节约和合理利用资源，充分发挥价值规律在体育景观环境管理中的杠杆作用。其方法主要包括对违反规定造成严重污染的单位和个人处以罚款；对排放污染物损害人群健康的，责令对受害者赔偿损失等。

（三）法律手段

法律手段是体育景观环境管理的一种强制性手段，依法管理环境是保障景观资源合理利用，并维护生态平衡的重要措施。体育景观环境管理一方面要立法，把国家对环境保护的要求、做法，全部以法律形式固定下来，强制执行。另一方面还要执法。环境管理部门要按照环境法规、环境标准来处理环境污染和环境破坏问题，对严重污染和破坏环境的行为追究法律责任。通过立法和执法，要形成科学、规范的体育景观环境保护法体系。

（四）教育手段

教育手段是体育景观环境管理不可或缺的宣传手段。环境宣传既是普及环境科学知识，又是一种思想动员。通过报纸、杂志、电影、电视、广播、展览、专题讲座、文艺演出等各种文化形式广泛宣传，使公众了解环境保护的重要意义和内容，激发公民保护环境的热情和积极性，从而制止浪费资源、破坏环境的行为。具体可以通过专业的体育景观环境教育培养各种环境保护的专门人才，提高环境保护人员的业务水平；还可以通过基础的和社会的环境教育提高社会公民的环境保护意识，来实现科学管理环境以及提倡社会监督的环境管理措施。

（五）技术手段

技术手段是指借助能把对环境污染和生态破坏控制到最小限度的技术及先进的污染治理技术等来达到保护环境目的的手段。运用技术手段，可实现环境管理的科学化，包括制定环境质量标准；通过环境监测、环境统计方法，组织开展环境影响评价工作；交流推广清洁工艺及先进治理技术；组织环境科研成果和环境科技情报的交流等。

三、体育景观环境管理体系

体育景观环境管理体系是体育景观环境管理过程中有计划地管理活动，通过有明确职责、义务的组织机构来贯彻落实，目的在于防止人们的行为对环境造成

不利影响。该体系既包括为制定、实施、实现、评审和保持环境方针所需的组织机构、规划设计、机构职责、程序、过程和资源，还包括环境方针、目标和指标等管理方面的内容。它是全面管理体系的重要组成部分，还是一项内部管理工具，旨在帮助体育景观环境管理组织实现自身设定的环境表现水平，并不断地改进环境行为。当前，体育景观环境管理体系主要是依据环境管理体系 EMS 模式来构建的，具体要求主要包括以下 5 个方面，如图 10－11 所示。

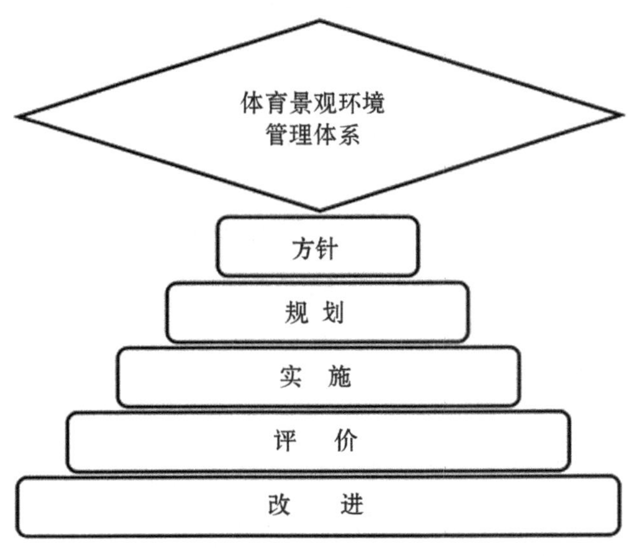

图 10－11　体育景观环境管理体系

（一）方　针

体育景观环境管理组织应制定环境管理方针，并确保环境管理体系的整体实施过程。

（二）规　划

体育景观环境管理组织应为实现其环境管理方针而进行详细的规划，以保证环境管理过程的顺利实施。

（三）实　施

为了保证有效实施，体育景观环境管理组织应提供为实现其环境方针、目标和指标所需的能力和保障机制。

（四）评　价

体育景观环境管理组织应监测和评价其环境绩效。

（五）改　进

体育景观环境管理组织应以改进总体环境绩效为目标，通过不断地创新，改进环境管理模式。

综上所述，体育景观环境管理体系是一个组织框架，它需要进行持续的监测和定期的评价，才能更好地适应变化着的内外部因素，从而有效地指导体育景观环境管理过程中的一切行为活动。

思考与讨论

1. 体育景观环境的维护主要包括哪些内容？如何维护？

2. 在体育景观环境的管理过程中，如何通过管理制度的合理制定和管理手段的科学使用，构建体育景观环境的管理体系？

参考文献

中文文献

[1]王长俊. 景观美学[M]. 南京:南京师范大学出版社,2002:11.

[2]柳伯力,陶宇平. 体育旅游导论[M]. 北京:人民体育出版社,2003:12.

[3]冯月平. 植物维护管理的基本方法[J]. 当代建设——园林园艺,2003(5).

[4]叶文虎. 环境管理学[M]. 北京:高等教育出版社,2003.

[5]刘伟,陈志平,李庆. 论现代城市文化中的体育文化[J]. 湘潭师范学院学报,2004(4):105－107.

[6]谢盛椿,刘建锋. 园林水体景观浅谈[J]. 绿化与生活,2005(3):15－17.

[7]余新晓,牛健植,关文彬,等. 景观生态学[M]. 北京:高等教育出版社,2006.

[8]郭琴. 景观与体育融合的社会学思考[J]. 成都体育学院学报,2006(4):20－22.

[9]周细琴,李建国,王健. 城市新形态:景观体育[J]. 体育文化导刊,2006(4):14－16.

[10]邱玉华,陈幼琳. 大学校园景观设计中文化内涵的表达[J]. 华中科技大学学报(城市科学版),2007(2):74－77.

[11]乌兰. 对环境管理手段创新的思考[J]. 东岳论丛,2007(4):170－172.

[12]秦文光,经飞跃. 当前景观体育概念特点及其再构建的重要意义[J]. 体育世界,2007(8):6－8.

[13]孙华. 重庆奥林匹克花园水体景观规划中的环境学问题研究[D]. 重庆:西南大学,2008.

[14]赵明月,翟国勋,蒋雪,刘成. 现代体育公园景观规划探索[J]. 现代园林,2008(10):7－9.

[15]由文华,王德炜,钟勇,等. 基于水体自然净化的北京奥林匹克公园中心区雨水利用技术[J]. 给水排水,2008(9):96－100.

[16]赵松,白春燕. 景观体育:自然性与文化性的完美统一[J]. 搏击(体育论坛),2010(1):25－26.

[17]赵宇. 景观体育与社会经济发展的研究[D]. 长春:吉林大学,2010.

[18]吕勤智,曲广滨,单鹏宇. 体育景观创作的本位描述与异位思考[C]. 2007 中国环境艺术设计教育年会论文集,2007

[19]唐家法.城市广场植物景观设计研究[D]. 重庆:西南大学,2011.

[20]由文华,王德炜,钟勇,等.高校体育场馆景观环境优化研究[J].成都体育学院学报,2011(5):63－65.

[21]闵敏,彭佳.浅谈园林景观中的地面铺装施工[J].中国园艺文摘,2011(12):87－89.

[22]梁丽凤,罗远标.景观体育研究[J].福建体育科技,2012(2):10－11.

[23]由文华,马斌齐,张云.高校体育场馆景观环境类型及对体育教育效果的影响[J].运动,2012(14):118－119.

[24]中国国家标准化管理委员会. 环境管理体系规范及使用指南[S]. 中华人民共和国国家标准,2016.

[25]肖洁舒,李亚刚,丁蓓.深圳湾体育中心“春茧”植物景观的个性化设计[J].建筑创作,2011(12):86－89.

[26] 尹晶萍.体育中心景观设计探析——以土默特左旗奥体公园为例[J].林产工业,2014(4):47－49.

[27]中国登山协会.国家登山健身步道标准[S].2010.

[28]佛·阿·戈罗霍夫,勒·布·伦茨. 世界公园[M]. 北京:中国科学技术出版社,1992.

[29]丁文魁. 城市园林绿地规划[M]. 北京:中国科学技术建筑出版社,1992.

[30]胡长龙. 园林规划设计[M]. 北京:中国农业出版社,1995.

[31]中华人民共和国住房和城乡建设部. 城市绿地分类标准[S].2017.

[32]山地户外运动产业发展规划[EB/OL].[2016].http://www.ndrc.gov.cn/fzgggz/fzgh/ghwb/gjjgh/201708/t20170810_857368.html. 多部门关于印发《百万公里健身步道工程实施方案》的通知[EB/OL].[2018－03－16].http://www.gov.cn/xinwen/2018－03/16/content_5274663.htm.

[33]中华人民共和国住房和城乡建设部. 风景名胜区总体规划标准[S].2018.

[34]林业部调查规划设计院. 森林公园总体设计规范[S].1996.

英文文献

[1]Sauer C O. The morphology of landscape[M]. Berkeley:University of California Press,1974:210－241.

[2]Kelly R,Macinness L,Thackray D. The cultural landscape:planning for a sustainable partnership between people and place[M]. London:ICOMOS－UK,2000:31－37.

[3]S Miles, R Paddison. The rise of culture led urban development[J]. Urban Studies, 2005, 42(5－6): 833－839.

[4]Charles Little. Greenways for America[M]. Baltimore :Johns Hopkins University Press,1990.